JN439037

착각의 시학 사화집 제8호

꽃으로 오너라! 사랑으로 오너라!

착각의 시학 사화집 제8호

꽃으로 오너라!
사랑으로 오너라!

초판인쇄 2013년 12월 3일
초판발행 2013년 12월 10일

지은이_ 착각의시학연구회 김경수 외
발행인_ 이현자
발행처_ 도서출판 현자

등 록_ 제 2-1884호 (1994.12.26)
주 소_ 서울시 중구 수표로 50-1(을지로 3가)
전 화_ (02) 2278-4239
팩 스_ (02) 2278-4286
E-mail_001hyunja@hanmail.net

값 15,000원

2013 ⓒ 착각의시학연구회 김경수 외 Printed in KOREA

무단으로 내용의 일부를 인용하거나 복사, 발췌를 금합니다.

ISBN 978-89-94820-14-9 03810

이 도서의 국립중앙도서관 출판시도서목록(CIP)은 서지정보유통지원시스템 홈페이지(http://seoji.nl.go.kr)와 국가자료공동목록시스템(http://www.nl.go.kr/kolisnet)에서 이용하실 수 있습니다.(CIP제어번호: CIP2013025533)

착각의 시학 사화집 제8호

꽃으로 오너라! 사랑으로 오너라!

착각의시학연구회 김경수 외

도서출판 연자

51회 시 낭송회

▲ 51회 문학 토크 및 낭송회를 마치고

파랑파랑, 봄을 캐다

착각의시학연구회에서 주최하는 시낭송 모임은 어느덧 51회를 맞이했다.

2013년 4월 20일 방배동 유문빌딩 8층 코웨이에서 시낭송 모임을 했다. 이날 안재진 원로 선생님의 초대 말씀을 필두로 착각의 시학 주간 박지연 선생의 축하 말씀이 있었다. 그리고 이늦닢, 권순악, 이삼헌, 최수경, 정만영 시인 등이 시낭송을 해주셨고 참석해 주신 착각의 시학 회원 분들과 더불어 시의 향기를 품었다.

활자에 갇힌 시어들이 낭송가의 감성적 목소리를 타고 시공간에 퍼져나갈 때 시는 다시 생명을 얻은 듯 했다.

낭송 시를 듣는 사람들은 시적 화자의 마음에 젖어들어 감흥을 불러일으키게 충분했고 시 낭송가 역시 큰 기쁨을 느꼈다.

52회 시 낭송회 및 종합문예지 『착각의 시학』 출판기념회

새로운 창작의 문을 열며

▲ 축시를 낭송하는 송연주 시인

2013년 6월 6일(목) 오후 2시에 방배동 코웨이 문화센타 9층에서 『착각의 시학』 출판 기념회와 52회 시낭송 행사가 있었다.

한국착각의시학연구회에서 발행하는 무크지 형식의 『착각의 시학』을 온전한 종합문예지 면모를 갖추어 계간지로 재 탄생시켰다.

이날 박지연(착각의 시학 주간) 선생, 본지 발행인이신 김경수(평론가) 회장, 김송배(문인협회 부이사장) 시인, 안재진(시인, 수필가) 선생, 허형만(목포대명예교수) 시인, 이성림(명지전문대학) 교수께서 참석하여 잡지 발행을 축하해 주셨다. 장호순 시인의 축시 낭송과 함께 송연주 시인은 이수익의 시 '승천'을, 손순자 시인은 심순덕의 시 '엄마는 그래도 되는 줄 알았습니다'를, 이애진 시인은 '황금찬 원로 시인의 시 '어머님의 아리랑'을, 감성의 목소리로 조금래 시인은 '어머니의 꽃 마당'을 낭송하며 축하했다.

김석림(목사) 시인의 기타 연주와 신동명 시인의 축가로 백여 명이 한마음이 된 뜨거운 축제의 장이었다.

류리수 선생이 보내준 축하 케익을 커팅하며 마음을 모았다.

▲ 종합문예지 『착각의 시학』 창간을 축하하며…

53회 시 낭송회

▲김도연 시인과 김경수 회장의 낭송 토크

詩가 되는 내 남자, 내 여자

2013년 8월 24일 시가 흐르는 자유로운 영혼의 강, 북한강변의 '행복의 강' 카페에서 '행복한 詩, 행복의 江'을 이야기 하며 자연과 하나가 되는 문학의 향연을 펼쳤다.

▲북한강물도 멈추게 하는 여심

▲북한강을 배경으로

▲53회 '행복한 詩, 행복의 江' 낭송회를 기념하며…

54회 시 낭송회 및 남도문학기행

詩, 남도를 가다

▲ '첫사랑과 나의 문학' 을 주제로 이 한 밤을 …

2013년 10월 12~13일(1박2일) 순천 별량면 개랭이 마을 테마파크에서 '첫사랑과 나의 문학'을 주제로 깊어가는 가을밤을 보냈다.

저마다 밤하늘의 총총한 별빛 아래 첫사랑의 추억을 이야기할 때 밤나무 숲에서 알밤들도 귀를 내밀다 툭! 툭! 떨어졌다.

▲ 황토방 문학토크 후 환한 웃음 입에 머금고…

▲ 신선한 공기 참 맛있다.

▲ 무슨 이야기가 그렇게 재미있을까?

▲ 창작의 힘을 가슴 가득 충전 한 모습들

▲ 꼬막을 까는 데도 순서가 있다.

▲ 착각의시학연구회 회원을 마중 나오신 조동래 선생님

▲ 태백산맥 문학관 주변을 관광하며…

▲ 순천만 갈대 숲을 들려서

▲ 짱뚱어탕을 먹으며 착각의 시학을 말하다.

▲ 순천의 김윤아 수필가와 대화를 …

▲ 태백산맥 문학관에서

착각의 시학을 위하여

하 제

오늘 여기
서로간의 인사와 만남은 없었지만
따뜻한 가슴과 지순한 사랑
마음 깊이 새겨진 풀 같은 시詩내음 속에
떨림의 시간 기다림의 모습들
첫선 보듯 설레는 심정으로
오늘을 기다렸습니다.

문학의 열정과 향기 가슴에 흐르듯
우리네 고품격 고품질 만남이여!
그 고독과 고뇌와 사랑이
영혼을 울리는 뜨거운 심장으로
타들어 가라!
그리하여
우리들 가는 길에 빛이 없이
어둠이 유혹 할지라도
세상의 바람으로 깨우며

풀꽃 같은 인연들 주렁주렁 엮어 갈 때
우리들의 모습은
먼 훗날 착각의 시학에 들렸다가
그 우물에 빠져 수없는 인연을 엮어
다시 영혼으로 함께하는
착각에 빠졌노라고
말 하고 싶습니다.

착각의 시학 사화집 제8호
『꽃으로 오너라! 사랑으로 오너라!』을 내면서

생각은 어느새 늦가을로 접어들었다.
세상은 온통 만산홍엽으로 몸살을 앓고
우리 착각의 시학 사화집도
여덟 번째 옷 갈아입는 소리가 퍽이나 아름답다

아침이 하루를 결정하듯 어린 시절은 그 사람의 일생을 결정한다.
밀턴의 말이다.
예로부터 詩는 인간에게 무한한 감동을 주고,
인생을 관조할 수 있으며 마음을 평화롭게 한다고 한다.
그런 연유로 프랑스의 부모들은
자식이 어려서부터 詩를 외우도록 정성을 쏟는다고 한다.

현대사회의 물질만능은 우리의 의식구조를
건조하게 만들었다고 볼 수 있다
생산적인 삶, 혹은 침체된 삶의 틈바구니에서
시인 또는 수필가라는 저명(?)한 이름을 얻은 우리는
어쩌면 모든 감각을 시적(문학)언어로 미학화 하는데
직업적 근성으로 전념할 때 라 나름 생각해 본다.

회장 **김경수**

바람을 타고 노니는 새처럼, 별을 쪼고 있는 저 밤새처럼
우리 시인들은 내가 자리한 그곳에서
사물의 파동을 깊이 바라볼 수 있는
혜안을 길러야 한다.

늦가을 빗소리의 리듬은 고독의, 사색의 시그널 음이리라
우리는 이제 영혼의 고픔을 만끽할 수 있는 깊은
내안으로 들어가 이 시대 최고의 언어의 연금술사가 되어
보석 같은 詩語 하나 낚아 올리는데 심혈을 기울여야 한다.

올해도 많은 문우님들이 사화집에 동참해 주셨다.
창작의 집짓기에 동행 하신 선생님들과 문우님들에게
감사와 존경의 인사를 올린다.
착각은 시한폭단 같은 무한한 힘을 발휘한다.
써라! 막무가내 써내려가라!
필봉의 끝이 살아 영혼이 기뻐 춤 출 때까지…….

2013년 11월 9일
녹번골에서

가을에는 날마다 떠나간다

마지막 한 마디처럼, 안 잊히는 한 구절처럼
매달린 마른 잎이 바르르 떤다
발자국도 잎 향기도 무겁다

가을에는 날마다 떠나간다
가는 이 없이는 가을이 아니니까
가을을 다 가지고 가버린 다음에야
남겨지는 가을이 온다, 나도 가을이 된다
거리마다 나뭇잎들 다 쓸려가고
그 많던 인파도 다 떠나고
거리를 치달리는 바람 거슬러
걷고 걸어도 나는 남겨진다

떠나가는 가을과 남겨지는 가을은 같은 가을일까
떠나가는 웃음이 웃음일까
남겨지는 미소가 미소일까
참지 마라, 울어도 된다.

석류

허형만

육촌 형 따라 서울로 옮겨가신 당숙모 집 담장에
올해도 석류는 오지게 맺혔는데
어느 놈 하나 벌겋게 익지도 못하고
죄 없이 푸르딩딩 그대로 쫄아만가는데
석류도 주인 없는 빈 집인 줄 어찌 알아
저리 넋 놓고 기운 빠진 채 매달리긴 매달렸는데
붉은 꽃 붉은 열매 붉은 속내는 어디 갔나요
멀리서 천둥 번개 허공 찢는 소리
뒷산 뻐꾸기 피 토하는 소리 무너지는 소리
소리가 소리를 삼켜 장맛비로 무너지는 소리

돌멩이가 되려나

안재진

늘그막에 날개가 찢겨
거리로 나섰다
내가 돌아선 게 아니다
낡은 신발이 버려지듯
거뭇한 모순에 떠밀렸다

거리의 바람은 맵고 짜
하루도 편할 날이 없었다
허리가 꺾이도록
길이 없는 길을 더듬으며
쉰내를 맡다가
가끔 뿌리 잘린 열매가
땅바닥으로 떨어지듯
젖내 나는 곳을 찾는다

달빛에 일렁이는
빈 그림자가 차가운 곳
눈을 주고 귀를 주고
가슴까지 퍼주었는데
나보다 더 늙어
우박 맞은 담뱃잎처럼
구멍이 숭숭 뚫려있다

그런 날은 눈물이 난다
철새는 날아갈 길이 있지만
철새가 될 수 없는
아득한 길

시를 만납니다

백운순

움트는 시야 사이로
비로소
담백한 촉감이 차오르고

그 속에 잠겨 있는
소박한 뜨락을 서성이며

흩뿌리는 빗줄기처럼
바람결에
시를 만납니다.

제 길을 갈 따름이다

국문학사를 공부한 이는 안다. 여말선초에 만들어진 시조(時調) 형식이 우리 문학사를 풍요롭게 해 주고 있음을. 민족적인 것이 가장 세계적인 것이라고 했던가. 우리만의 고유 문학 형태인 시조가 있음이 얼마나 다행스러운가 싶다.

아래 시조 한 편은 허영자 시조집 『소멸의 기쁨』에 실린 표제작이다.

기억하기로, 작가의 정년퇴임 모임이 2003년 프레스센터에서 있었고 그날 오신 분들께 주신 책 선물이었다. '허영자 시조집' 이라는 문구에 나는 가슴이 뜨거워졌다. 역시 공부를 한 사람, 역사인식이 있는 사람, 평소 모국어 사랑을 실천하고자 하는 작가의 마음이 느꺼움으로 감지되었다.

어린 학생들에게 나는 말한다. "지금이 일제강점기도 아니고 애국이라는 말이 빛바래고 있지만 생각해보세요. 무엇으로 나라 지닌 고마움과 우리 언어를 가지고 있는 자랑스러움을 표현할 것입니까? 세계문자 언어 체계에서 가장 우수한 한글로 빚어진 영롱한 글을 많이 읽고 우리만의 독특한 서정 장르인 시조에도 관심 가져 보십시오, 좋은 글쓰기가 바로 애국하는 일 중의 하나입니다"

낙엽이 썩어서 기름이 되고 있다

소멸의 기쁨을 저만이 아는 듯이

순하게 몸을 눕히고 살신 봉헌을 한다

-[출처] 소멸의 기쁨/허영자-

꽃이 지고 초록이 물러난 자리에 열매로 그 결실을 보여 주고 있다. 내년에는 더욱 유익하고 튼실한 열매를 맺기 위해 동절기에 안간힘 쓰리라는 것을 우리는 안다.

그렇듯이 작가는 자연의 순리대로 퇴임을 맞아 후학들에게 자리를 물려 주고 있다. 소멸할 수밖에 없는 자연의 이치를 따르는 것이다.

그러나 평이한 소멸이 아니다, 살신하여 봉헌하듯이 온 마음, 온 정신을 다하여 살아 냈던 것이다. 그렇게 한 연후에 제 할 일 다 했다는 듯 순하디 순하게 제 몸 눕히는 낙엽처럼 말이다. 그것이 순리이고 길이기에 기쁨이라는 것을 짐작하게 하고 있다.

이 세상에 영원한 것은 없다. 오로지 제 길을 갈 뿐이다.

초연한 귀태(貴態 · 歸態)를 바라보는 기쁨 또한 소소롭다.

목차_

목차_

수필_

1990년대 시의 특징

1. 자유로운 일상성의 탐구와 개인주의

경제성장, 정치의 민주화에 발맞추어 문화적 성장이 어느 때보다 두드러졌던 1990년대(이하 90년대)에 시단(詩壇)의 풍성함은 1980년대(이하 80년대)와 2000년대의 사이에서 산업사회를 뛰어넘어 정보화 시대로 진입하였다는 시대적 특성과도 무관하지 않았다. 주지하다시피 우리 사회는 90년대 후반기에 인터넷의 보급으로 '인터넷 문학', '디지털문학' 이란 신조어와 함께 고도 정보화시대로 발전했다. 문학사를 10년 단위로 구분해서 세대 간의 특징을 일반화하는 것이 편향된 시각을 나타낼 우려가 있겠으나 사회적 변화로 인한 변별성은 있었다. 90년대에 시는 물론이고 소설에서도 신세대 작가들이 표현에서 새로운 감각, 가볍고 빠른 문체, 소재의 자유 등에서 새로운 감수성을 보이며 활약을 보이기 시작했다.

90년대의 시의 특징을 사회적 변혁 외에 시가 본래 지니고 있는 개인주의와 서정성을 기준으로 살펴볼 수 있다. 물론 90년대 시를 전반적으로 일관한다면 종전의 리얼리즘이 보이지 않고 그렇다고 포스트모더니즘 경향도 보이지 않았던 시기도 있었다. 자연과 인간의 본성을 대비한 순수시도 더러 나왔다. 이처럼 같은 연대 안에서도 여러 시 유형이 있었으며, 연대적 특징에 개의치 않고 시작 활동을 해서 시적 경향의 변모를 보인 시인들도 있었다.

90년대는 거대담론이 사라지면서 시의 소재나 주제가 매우 광범위해졌던 시기인 만큼 표현 양상도 다양해졌다. 시 소재가 일상성에 집중하면서 시의 전개와 표현에서 스토리를 지닌 산문성이 두드러졌다. 일상어를 보조관념으로 쓰는 은유법을 사용함으로써 독자와 심리적 거리감을 해소했다.

일상생활에서 시적 소재를 삼은 시는 소위 탈(脫)이데올로기와 관계가 있다. 이는 사회를 소재로 한 시와는 거리가 있지만 새로운 측면에서 자아를 들여다보려는 노력이 보인다. 그러나 일상세계를 피상적이고 표면적으로만 노래했다는 한계를 드러내고 있다.

일상이란 자연스런 현상을 담고 있으며 누구에게나 익숙하면서 낯설음의 대상이 될 수 있다. 시가 일상에 매몰되거나 안주하는 것과 일상을 다룬다는 것은 별개이다. 일상을 다루되 시인의 개성이 담긴 통찰력으로 재구성하는 것에다 승부를 건다면 시적 성과는 그만큼 뚜렷해진다. 김기택, 김영승, 나희덕, 허수경, 장석남 등은 80년대 말에 등단했지만 90년대에도 활동해서 90년대 시의 새로운 방향을 이루었다.

이른 아침 6시부터 밤10시까지 하루도 빠짐없이
그는 의자 고행을 했다고 한다.
제일 먼저 출근하여 제일 늦게 퇴근할 때까지
그는 자기 책상 자기 의자에만 앉아 있었으므로
사람들은 그가 서 있는 모습을 여간해서는 볼 수 없었다고 한다.
점심시간에도 의자에 단단히 붙박여
보리밥과 김치가 든 도시락으로 공양을 마쳤다고 한다.
그가 회장실에 가는 것을 처음으로 목격했다는 사람에 의하면
놀라벽도 그의 다리는 의지가 직립한 것처럼 보였다고 한다.
그는 하루종일 損害管理臺帳經(손해관리내장경)과 資金收支心經(자금수지심경) 속의 숫자를 읊으며
철저히 고행 업무 속에만 은둔하였다고 한다.
종소리 북소리 목탁 소리로 전화벨이 울리면
수화기에다 자금현황 매출원가 영업이익 재고자신 부실채권 등등을
청아하고 구성지게 염불했다고 한다.
(하략)

—김기택, 〈사무원〉에서, 『사무원』, 창작과 비평사,1999 —

그는 하루종일 사람들의 발만 보며 살아간다.
나는 그가 사람들의 발을 보고 그들의 마음과 삶이란 무엇인가에 대한 대답을 조금씩 조금씩 알아가고 있는 것같이 생각된다.
마음이란 구두처럼 닦으면 반짝이는 거라고도 생각했다.
삶이란 구두를 닦으면 반짝이는 거라고도.

—김영승, 〈구두닦기〉에서, 『몸 하나의 사랑』, 미학사, 1994 —

인용한 시들은 각박한 도회지 일상의 단면을 낯설게 보며 새로운 통찰력을 보이고 있다. 전(前)시대의 시적 소재는 진지하고 무거웠는데 신세대들의 시적 소재는 코믹하고 가볍고 생활적이다. 기법적인 측면에서도 전(前)세대 시인들은 논리적인 측면이 강한 것에 비해 젊은 시인들은 비약과 우연의 측면이 강하다. 각자 개성대로 자신의 감각을 표현했다. 이들의 시는 일상에 감추어진 무의식 삶을 파헤침으로써 산업사회의 문제점을 드러내는 특성을 보인다. 김광규, 오규원, 이하석, 장석주 등의 시가 대체로 이에 속한다. 소시민의 자기반성으로 드러나기도 하고 일상성에 대한 탐구로 나타나기도 한다. 이에 대해 최동호는 다음과 같이 말했다.

1990년대 우리 시는 포스트모더니즘 시의 유행과 더불어 도시적 세속주의가 광범위하게 유포되고 있다. 거의 모든 젊은 시인들이 도시의 아들이며, 부르주아 문화의 후손이며, 컴퓨터의 예속자들이다. 이미 그들은 1980년대의 전사도 아니며 첨단산업의 선두주자도 아니다. 소외된 문화인들이며 도시의 주변인들이다.(중략) 그들 중 일부는 에로티시즘에 대한 편집증을 드러내는데 (중략) 무차별하게 배설 행위를 하고 있다는 인상을 지우기 어렵다.

—최동호, 『디지털 문화와 생태시학』 문학동네, 2000, 47~48쪽 —

80년대 문학의 시대적 요청은 현실 참여였다. 90년대 중반에 이르러 문민정부 출현 덕에 개인에 대한 억압상을 고발하기 보다는 자아 탐구를 최고 가치로 내세우며 극도의 개인주의를 보여주게 된다. 이 극도의 개인주의, 소집단주의는 시에 있어서 여러 측면으로 다양하게 표현되었다. 그래서 90년대 시는 80년대의 시에 비해서 시어가 지나치게 일상적인 평범한 언어로 되어 있으며, 감상적 편향성을 가지고 있다는 비판을 받기도 한다. 즉 이 시대 삶의 문제를 고뇌하고 개혁하려는 민중성이 없다는 것이다. 기성작가 기준에서는 개인적 정신주의에 탐닉했다는 비판이 가능했다. 그러나 이런 비판은 문학은 시대상에 따라 사람들의 의식과 감각이 가변적이라는 것을 고려하지 않은 것이다. 김지하는 〈타는 목마름으로〉으로 80년대 당대의 정치적 억압에 대한 저항을 심어주었다. 그러다 80년대 중반에 『애린』(1986)의 세계로 나아가 생명사상으로 자신의 세계관을 확고히 했다. 90년대 후반에선 생명사상을 우주적 생명의식으로 확대하는 '율려' 운동을 전개한 점이 한국시사에서 주목을 요한다. 80년대에 민족적 민중시인으로 출발한 고은, 문병란, 이시영은 90년대에 들어서서 방향 전환을 했다. 〈저문 강에 삽을 씻고〉를 발표한 정희성은 일상적 삶을 소재로 소시민 정서로 화해와 상생의 추구로 나아갔다.

2. 새로운 경향의 현실 참여와 신서정 문학의 해체시

1980년대에 박노해의 『노동의 새벽』(1984)을 위시해서 폭발적으로 생산된 민중시는 그 이름과는 달리 민중의 폭넓은 호응을 얻지 못한 점이 없지 않아 있었다. 민중시에는 시 본연의 언어미학의 창조의식보다는 비판, 탄식, 넋두리 등의 서정적 어조로 정서적 교감을 일으킨 수준이었다. 민중소설에선 민중의 승리를 통한 대리만족을 안겨주는 수준으로 그쳤다. 80년대 민중시의 한 흐름으론 박노해, 송경동, 백무산, 김남주, 이시영, 정희성, 조태일 등을 대표로 한 노동시를 들 수 있다. 대중성과 서정성을 동시에 지니고 있었던 노동시는 90년대에 사양길에 접어들었다.

문학사를 보더라도 사회문제를 대상으로 삼지 않았던 시대는 없었다. 90년대에도 예외는 아니었다. 도회지 정서나 각박한 자본주의 논리에 지배받으며 사는 것을 통해 도회지 문명을 비판하거나 생태 환경문제에 대한 고민이 나타난 시도 그러한 범주에 포함할 수 있다.

90년대 말에 들이닥친 IMF가 우리 삶에 미친 영향이 문학에 반영된 것이 이 시대의 민중문학이라 할 수 있다. 더구나 발랄하고 재치 있는 감각 표현에 몰두하는 신세대 작가의 출현으로 종전의 386세대(2000년도에는 486세대)들이 주체가 된 무거운 민중문학의 모습은 사라지고 있다. IMF 이후 시, 소설의 소재 중에는 경제난에 비참하게 허덕이는 서민의 모습이 많았다. 그 안에서 여전히 시의 기본 속성과 시적 깨달음을 주고 있으며 발전을 거듭했다. 이런 현상을 추상적 관념의 토로에서 벗어난 탈관념화 현상이라 할 수 있다.

신세대 시인의 출현은 90년대 시문학의 한 특징을 이루었다. 신세대라는 말이 나오게 된 문화사적 배경은 기존의 정치 이념이나 이데올로기가 사라졌다는 것에서 찾아볼 수 있다. 그에 따라 국경을 초월한 다국적 자본주의에 편승한 탓에 한국의 전통성이 사라지고 문명 비판과 개성의 추구가 한층 심해졌다. 이런 변화상은 문학 외적 담론으로서 2000년대부터 시작되는 생태주의, 페미니즘, 환상주의, 탈장르 현상 등 문학 내적 담론의 기폭제가 되었다.

칠십년대는 공포였고
팔십년대는 치욕이였다
이제 이 세기말은 내게 무슨 낙인을 찍어줄 것인가.

한계가 낭떠러지를 부른다.
낭떠러지가 바다를 부여잡는다.

내가 화가 나면
나를 개 패듯 패줄
친구 하나 있었으면 좋겠다.
오 맞아 죽은 개가 되고 싶다.
맞아 죽은 개의 가죽으로 만든 양탄자가 되고 싶다.
그리하여 이십일세기 동안
당신들의 발밑에 밟히며 넝마가 되어가고 싶다.
(사뿐히 즈려밟고 가시옵소서.)

—최승자, 〈세기말〉 전문, 『내 무덤 푸르고』, 문학과 지성사,1993 —

90년대 상반기에 우리 시에서는 기존의 시를 리얼리즘시, 모더니즘시, 전통시 등으로 분류했던 경향에서 서서히 변화를 보이기 시작했다. 그 결과 문학에서는 세기말적 징후를 보였다. 불안하고 부정적이고 불안정한 종말론적인 분위기에 지배되었다. 위의 인용시는 그런 시대상을 독백 형식으로 들려주고 있다. 시인 장석주는 최승호, 기형도, 김기택, 남진우 시들을 중심으로 '세기말적 상상력의 한 지류' 란 표현으로 죽음의 이미지를 통해 '세기말 문명의 저 어둡고 축축한 내명에 들끓고 있는 부패와 소멸로부터 축발된 것이다.' 라고 밝혔다.(장석주, 〈음의 시학-세기말 상상력의 한 지류〉, 『현대시』, 1997. 4월호 참조)

90년대 초반 일부에서는 리얼리즘 시의 새로운 경향에 대해 '신(新)서정' 이란 용어로 대신했다. 사물의 세밀한 묘사에 치중한 것을 특징으로 한다. 다소 비판적인 도회지 감각으로 건조한 일상 현실에서 쓸쓸함을 주로 노래한 경향이다. 문명 비판은 최승호의 시집 『그로테스크』(1999)에 잘 나타나 있다.

초경을 막 시작한 딸아이, 이젠 내가 껴안아줄 수도 없고
생이 끔찍해졌다
딸의 일기를 이젠 훔쳐볼 수도 없게 되었다

눈빛만 형형한 아프리카 기민들 사진;
"사랑의 빵을 나눕시다"라는 포스터 밑에 전가족의 성금란을
표시해놓은 아이의 방을 나와 나는
바깥을 거닌다, 바깥;
누군가 늘 나를 보고 있다는 생각 때문에
사람들을 피해 다니는 버릇이 언제부터 생겼는지 모르겠다
옷걸이에서 떨어지는 옷처럼
그 자리에서 그만 허물어져 버리고 싶은 생;
뚱뚱한 가죽부대에 담긴 내가, 어색해서, 견딜 수 없다
글쎄, 슬픔처럼 상스러운 것이 또 있을까

그러므로, 어느 날 나는 흐린 주점에 혼자 앉아 있을 것이다
완전히 늙어서 편안해진 가죽부대를 걸치고
등뒤로 시끄러운 잡담을 담담하게 들어주면서
먼 눈으로 술잔의 수위만을 아깝게 바라볼 것이다

문제는 그런 아름다운 폐인(廢人)을 내 자신이
견딜 수 있는가, 이리라

—황지우, 〈어느 날 나는 흐린 주점에 앉아 있을 거다〉 전문,
『어느 날 나는 흐린 주점에 앉아 있을 거다』 문학과 지성사, 1998 —

그때 내 품에는
얼마나 많은 빛들이 있었던가
바람이 풀밭을 스치면
풀밭의 그 수런댐으로 나는
이 세계 바깥까지
얼마나 길게 투명한 개울을
만들 수 있었던가

물 위에 뜨던 그 많은 빛들,

좇아서
긴 시간을 견디어 여기까지 내려와
지금은 앵두가 익을 무렵
그리고 간신히 아무도 그립지 않을 무렵
그때는 내 품에 또한
얼마나 많은 그리움의 모서리들이
옹색하게 살았던가

지금은 앵두가 익을 무렵
그래 그 옆에서 숨죽일 무렵

—장석남, 〈옛 노트에서〉 전문,
『지금은 간신히 아무도 그립지 않을 무렵』, 문학과 지성사, 1995 —

80년대부터 활동한 황지우는 90년대 시에서 생의 쓸쓸함을 노래했다. 그의 해체시에서 비롯된 탈장르화 현상은 90년대에 이르러 시를 넘어서서 보다 넓고 다양한 범위의 보편화된 문화를 아우르게 된다. 해체시는 탈근대 현상의 하나로 등장한 것이다. 해체시로 불리는 시에서 보듯 언어 이외의 것인 신문과 잡지, TV, 라디오, 음악, 미술, 사진, 기호 등 이 모든 것은 시 안으로 아우르게 된 것이다. 이러한 표현 도구의 다양화는 시의 고유성을 깰 위험이 있다. 전통적인 서정시 감상에 익숙한 독자들에게 당혹감을 안겨주었다. 우리가 보편적으로 생각하는 선, 악, 진리에 대한 우리의 관습적 믿음을 근본적으로 회의하며 파괴하는 사고체계를 지니고 있기 때문이다. 해체시가 시적 언어에 대한 충분한 고민의 과정 없이 쉽게 시 밖에서 그 대안을 찾았다는 점은 90년대 해체시의 한계성이다. 황지우는 해체시를 통해서 어디까지나 80년대 시의 경향처럼 항상 철저한 현실의식과 당대적 현실을 충실히 드러냈다.

90년도에 발표한 이성복, 황지우, 박남철, 장정일, 김영승 등의 시가 대체로 90년대 해체시에 속한다. 이들의 시에서는 과격한 형태파괴가 시도되고 있다. 물론 형식 파괴는 황지우의 시에서처럼 정치적인 측면을 띠기도 하고 박남철 시의 경우와 같이 유희적인 측면도 드러내는 등 다양한 양상을 보인다. 해체시는 일상시, 도시시에서 드러난 신(新)서정 경향에서도 나타났는데 이는 일상에 안주하자는 시인의 소시민 의식의 결과이기도 하다.

90년대 시의 서정과 감수성을 바탕으로 몇몇 시인의 시 세계를 찾아보자. 기형도는 『입 속의 검은 잎』(1985~1989까지 발표한 시)을 유일한 시집으로 남겼다. 그의 시는 그가 죽은 뒤 90년대의 현실 속에서 더욱 큰 공감을 얻어서 그를 90년대 시인의 범주에 넣기로 하였다. 황지우도 마찬가지이다. 기형도는 80년대의 다른 시인들의 시들과는 달리 부조리한 현실, 권력에 대한 항거와 선동의 목소리를 더 이상 내고 있지 않기 때문이다. 그는 공동체 의식보다는 개인사정을 주된 소재로 했다. 자신의 가난, 이별 등 상처를 통해서 세상과의 거리감, 고독감을 노래했고, 그의 시 전편에는 이러한 강한 절망감이 배여 나온다.

이승하는 1984년에 등단해서 90년대에 『사랑의 탐구』(1987)로부터 『우리들의 유토피아』(1989), 『욥의 슬픔을 아시나요』(1991), 『박수를 찾아서』(1994), 『폭력과 광기의 나날』(1993), 『생명에서 물건으로』(1995)에 이르기까지 활동하고 있다. 그는 시에서 타락한 사회와 오류로 뒤덮여 있는 인간의 역사를 날카롭게 파헤쳤다. 인류 역사는 민족, 국가, 종교, 이념 등의 명목으로 자행된 폭력의 역사였다고 역설했다. 유토피아를 희망하는 시인의 휴머니즘 정신은 등단 시〈화가 뭉크와 함께〉에서 말을 더듬는 시인의 육성을 빌어서 시 형식의 실험을 넘어 정신적 위기를 절실하게 표현했었다. 시에서 '함께'는 사람들에게 연대적 호소력을 전하고 있는 것이다. '겨견딜 수가 없'고, '다 달아나고 싶'고, '미쳐버릴지 모'르는 세계인식 속에서 자기분열을 일으킬 만큼 고통스러워하지만, 끝내 '나는 부 부 부인할 것'이라고 자신의 주체성을 지키고 있다. 시인은 인간다운 삶을 억누르는 대상들에 대하여 거부와 비판의 화살을 단호하게 당겨, 결국 힘없는 사람들과 함께 자기 자신을 이해하고 사랑하는 인정과 용기를 보였다.

3. 여성 시인의 페미니즘과 자아의식

최승자는 시집 『내 무덤 푸르고』(문학과 지성사,1993)에서 남성 중심사회를 공포의 눈으로 바라본다. '아버지' 라는 시어는 시인 개인의 아버지이며 동시에 이 사회의 여성에 대한 모든 억압 기제이다. 이 사회의 폭력, 공포, 억압의 기제를 '아버지' 로 표현했다. 동시에 그것을 포용하고 화해하려는 몸짓을 한다. 시인은 인습, 억압을 거부하고 진정한 사랑, 죽음과 절망 등을 노래한다.

최영미는 상업적인 측면에 있어서 성공을 거둠으로서 90년대에 큰 관심을 끈 시인이다. 첫시집 『서른, 잔치는 끝났다』(1994)는 대중매체의 주목을 받으며, 출간 두 달만에 20만 부나 팔려나갔다. 시 제목은 80년대 격변기에 젊음이 받았던 상처를 상징하는 대명사가 되었다. 1980년대의 암울한 사회 역사적 압제에 저항했던 열정이 쇠퇴했다는 의미를 지녔던 것이다. 이제 80년대의 진지하고 치열했던 삶의 방식들이 하나의 추억으로 인정되는 90년대의 현실에 이르게 된 것이다. 이로 인해 후일담 문학이란 용어가 등장했다. 하지만 최영미의 시는 현대인의 가장 큰 관심거리인 에로티시즘을 시 전면에 내세움으로서 현대인의 사랑을 노래하여 상업적인 측면이 다분하다. 따라서 최영미의 시를 문학적 측면에서 가치성 유무를 논하기에 부족한 면이 있다. 또한, 그의 시에 나타난 사랑은 과거 여성다운 사랑으로 여겨졌던 절대적이고 지고지순한 사랑이 아니다. 더 이상 과거에 집착하고 몰입하지 않고 지금 현재의 행위로서 과거의 여성의 사랑에 대한 고정관념을 깨는 페미니스트적인 경향도 갖고 있다. 즉 '사랑한다' 는 행위 그 자체에 의미를 둠으로서 여성으로서 자신의 정체성을 찾고 있는 것이다. 시에서 자신의 가치에 대한 탐구는 가장 근원적인 육체, 몸에 대한 관심으로 귀결되면서 오직 자기 자신에게 몰입한 듯 보인다.

여성적 감수성의 시는 90년대 시 경향의 중요 발전상이라 할 수 있다. 민중시의 공동체 지향흐름에 따라 여성 시적 화자의 자의식이 견고해진 것이다. 90년대 여성시는 남성 중심 사유 체계와는 달리 여성의 정체성을 추구하며 모성지향의 생태시, 여성다운 안목을 강조하며 시적 사유를 발전했다. 대표 시인으론 천양희, 강은교, 최승자, 김승희, 이경림, 황인숙, 나희덕, 정끝별, 최영미, 노혜경, 신현림, 김정란 등등이 있다. 노혜경의 시집 『뜯어먹기 좋은 빵』(1999)에는 가부장제 자본주의 굴레에서 약자로 살아온 여성의 정체성 찾기와 타자와의 연대의식을 통한 사회적 소통 단계로 나아가려는 시인의 육성이 나와 있다.

신현림은 『세기말 블루스』(1996)를 통해서 가정사와 시대의 굴곡에 맞서 저항해온 개인의 경험이 마치 성장소설과 같은 인상을 줄 정도로 짙게 배어 있다. 또한 최영미의 시에서처럼 에로티시즘적인 요소와 함께 몸에 대한 천착(穿鑿)이 드러난다. 몸에 대한 천착은 90년대의 주요 관심사인 개인, 개별성에 대한 추구라고 할 수 있다. 그런데 시인은 개인에 대한 관심에서 더 나아가 여성의 몸에 집중하였다. 지금껏 감히 드러낼 수 없고, 감추어야하는 은밀한 영역으로서 억압의 대상이었던 여성의 몸을 개인성을 강조하면서 해방시키려 한 것이다. 시인에게 여성은 남성의 반대급부로서 여성이 아니라 철저한 개인으로서의 여성이 강조된다. 이는 바로 페미니즘 정신이다.

4. 명상시와 순수 서정시, 자연의 새로운 발견

류시화는 1980년에 등단해서(당시 본명 '안채찬') 서구 취향의 개인 자의식을 나타낸 시를 썼다. 90년대에 인도, 네팔, 티벳 등을 여행한 후 번역도 하면서 구도 여행기를 발표한 후 시집 『그대가 곁에 있어도 나는 그대가 그립다』(1991)를 발표했다. 이 시집은 그간 엄청난 부수가 팔렸고, 지금까지도 많은 독자의 사랑을 받고 있다. 그 후 시집 『외눈박이 물고기의 사랑』(1996), 산문집 『딱정벌레—살아 있는 모든 것들에 대한 별난 사색』

(1993), 『달새는 달만 생각한다』(1994), 『하늘 호수로 떠난 여행』(1997)을 펴냈다. 민중문학이 수그러드는 시대라서 독자들에게 명상적 분위기를 가져다주었던 것이다. 류시화 시의 특징은 일상의 언어와, 어렵지 않은 보통의 구문(構文)을 통해서 신비한 세계를 빚어내고 있다는 점이다. 익숙하게 보이는 낯익음 속에 감춰진 낯설음의 세계를 발견해 냄으로써, 시 이해도에서 독자 거리감을 좁히면서 삶의 작은 깨달음을 주었다. 그러나 그의 시에 종종 등장하는 '그대'의 뜻이 불분명하다. 잠언과도 같은 그의 쉬운 시가 많은 독자를 확보한 이유는 암울한 시대에서 벗어나려는 독자들의 취향에 힘입은 것이다. 그러나 상업적으로 성공을 거두었다는 점은 재고할 필요가 있다. 시가 잠언이나 아포리즘의 수사학에 근접해서 삶의 지혜와 깨달음을 던져주는 경향은 현실의 복잡함을 시적 사유로 펼치고자 하는 의지의 상실로 인한 체념과 달관이 깃든 원초적 자연의 복귀 현상이기도 하다.

이와 유사하게 1980~90년대에는 소위 청소년층을 겨냥한 감상적인 내용의 시집이 홍수처럼 나왔다. 사랑, 우정, 행복 등의 상투적 시어가 남발하고 있다. 이런 시어들은 시적 감흥을 위해서는 이미지 형성에 대한 시인의 독자적 노력이 요구된다. 감상적 내용의 시는 안이하고 쉬운 시라는 비판을 받았다. 시단의 이런 현상은 그나마 시 독자층 확대에 공헌했다는 점에서 문학적 가치를 둘 수 있었다.

90년대의 대표시인 중 유하에 대한 비평은 뚜렷하게 두 가지로 나뉜다. 유하 시인의 긍정적인 면으로는 키치 문화(일반적으로 알려진 삼류대중문화 : 포르노, 만화영화, 비디오, 잡지 등)의 중독사이며 동시에 반성자로서 이중 역할을 한다는 것이다. 부정적인 면으로는 유희적 차원에 고정되어있어, 사회 현실에 대한 비판이 겉돌고 있을 뿐이라는 것이다. 가장 두드러지는 것은 자본주의 도시 문명에 대한 비판이다. 특히, 제 2시집 『바람부는 날이면 압구정동에 가야 한다』(1991)는 당시 베스트셀러로서, 문화 전반에 걸쳐 큰 영향을 주었다.

이 외 90년대에는 순수한 서정에 입각한 사랑시도 많이 나왔다. 사랑을 소재로 대중성을 확보한 예는 80년대에 도종환의 『접시꽃 당신』, 서정윤의 『홀로 서기』, 김초혜의 연작 시집 『사랑굿』 등에서 비롯되었는데 90년대에도 이런 경향은 여전했다. 70년대부터 활동한 정호승 시인은 당시 베스트셀러를 기록한 『사랑하다가 죽어버려라』(1997)를 통해 아픔, 기다림 등을 소재로 휴머니즘에 입각한 순수 서정시를 발표했다. 시 〈서울의 예수〉에서 80년대 민중시를 표방했지만 자연 위주의 전통 서정시로 나아갔다.

90년대 시인들의 자연 예찬은 전통적인 것과는 다르다. 자연을 노래하면서도 자연을 해체하고자 했기 때문이다. 자연 속에서 어떤 의미나 통합된 사유를 발견하려 하지 않고 자연을 통해서 자신의 해체된 정신을 표현하려 한다. 따라서 자연은 주관화된 것이며, 무질서한 내면세계의 상관물이 된다. 그에 따라 생태적 자연을 추구하는 경향의 시들이 나오기 시작했다. 환경친화적 경향의 환경운동성을 지향한 시, 문명 비판과 자연회귀가 동시에 드러난 시, 단순한 자연 몰입을 나타낸 시가 있었다. 이에 대해 오세영의 이론을 참조한다.

> 1990년대 우리 시에는 '근대'를 둘러싼 각종 비판적 담론들이 활기를 띠며 제출되었다. 그것들이 우리 문학이 성취한 '근대성(modernnity)'의 내적, 외적 형질들을 미학적으로 밝히는 일부터, '근대'가 몰고 온 역기능에 대한 고찰까지 상당한 진폭을 보이며 다채롭게 구성되었는데, '생태학적 상상력'의 기반은 말할 것도 없이 이러한 '근대'에 대한 비판적 성찰에 있었다고 할 수 있다. (중략) 결국 생태주의 시편들은 자연의 모든 존재들이 평등한 권리와 가치를 지닌다는 인식과 모든 생명체들의 수평적 관계에 대한 새로운 성찰을 우리에게 요청하면서, 그리고 상극과 배제보다는 상생과 포용의 세계관을 주문하면서 대두하였다. 이와 같은 상생과 포용의 실천이 우리 시에 꾸준히 축적되면서 생태주의 시는 뚜렷한 하나의 주류 미학이 되었다.
>
> 또한 이는 '정신주의'라는 유다른 명칭을 부여받은 일군의 시적 경향으로

나아가기도 하였는데, 조정권, 최동호, 이기철 등이 이 부분의 높은 성취를 이루었다.

—오세영 외, 『한국현대시사』, 민음사, 2007, 554쪽 —

90년대 시는 80년대에 비해 주제와 기법에서 다양한 변혁을 이루었던 만큼 새천년도의 시문학사에도 영향을 끼쳤다고 할 수 있겠다.

그대를 기다리며 외 4편

고원구

나는 이 자리에서
그대를 기다립니다

떨어져 있다고
슬퍼하거나
외로워하지 않습니다.

그대는 영원한
나의 동반자이며
따뜻하고 밝게 비추는
태양이니까요

계절이 바뀌어
꽃피고 새 우는 언덕에서

가녀린 손끝에 다가오는
여리고
여리게 번져오는 향기 따라
황홀한 세계를 그릴 수 있으니까요

그대는
나의 우산입니다

꽃바람

소리 없이
내리는 봄비에
울부짖는 꽃잎의 소리
그 소리가
귓전을 맴돌 때
숙연해진다
시간은
봄 햇살을 받아
청정한 대지를 데우고
그 속에
이파리들은
젊음을
노래하고 있다

망향 2

조양각을 감돌아 흐르는
금호강 맑은 물에
해맑게 어려 있는
추억들이
여울로 춤을 춘다

보고파라
그리워라
그 때
그 얼굴들

파란 물결
출렁일 때마다
가슴이 흔들린다

오랜 세월
쌓여있던
가슴 속 이름들
불러본다
그 웃음이 살아난다

여행 3

다시
돌아오지
않으려는 듯
홀연히 떠난
그대가
여린 빛살을
등걸에 메고
알싸하게 풍겨오는
가을 냄새와 함께
돌아왔네.

효정의 봄

깊은 계곡
산사 법당 뜰에
고요하게 내려앉는
노스님의 독경소리

오붓하게 쌓여오는
자비의 음덕에
효정의 작은
숨결이 태동을 하고

한 송이
꽃향기가
소소하게 부는
바람을 맞으며

계곡은 아름의 물결로
소요를 불러 온다

언제나
희망의 꿈을 꾸는
자비로운 마음

효정의 봄은
한 계단씩
자리를 채운다

나무와 나그네 외 4편

권순악

그대가 나무라면
나는 나그네

잎 푸른 그늘에
나그네는 편하게 쉬고 있네

더운 여름이면
시원한 바람을 주고
한낮이면 매미소리를 들려주고
밤이면 둥근달이 가지에 걸려있고

나그네는 언제까지나
나무 그늘에 앉아서
먼 하늘도 바라보고
떠가는 구름도 바라보고

나무에게는 아무 것도 해줄 것이 없으면서
천년을 하루같이
그냥 그늘에 앉아만 있고 싶네
이 세상에서 가장 편안한 휴식을 주고 있네

언젠가
나무가 그늘을 옮겨가면
그 푸른 그늘을 옮겨가면
나그네는 다시 먼 길을 떠나야 하겠지

하늘이 푸른 날엔

가을 하늘이 푸른 날은
하염없이 하늘을 바라봅니다.
하늘을 바라보면
나는 한 마리 새가 되어
끝없이 높은 하늘로 날아갑니다.
어디만큼 날아가면
추억의 옛 꽃동산이 있을 것 같아
한없이 날아갑니다.
가다가 가다가 지치면
구름에 앉아 쉬어가고
또 날아가다가 지치면
바람에 날개를 맡기고
아득한 추억을 찾아
서럽도록 푸른 하늘을 바라보다가
한 마리 작은 새가 되어 날아갑니다.

계백 장군

목 놓아 통곡하고 싶구나
계백 장군이여!

황산벌
애국심에

꽃다운 사랑은
처연한 낙화가 되고

산천이 쩌렁쩌렁
의義 하나 나라 하나로

장군이 내달리던
우렁찬 함성

힘찬 말발굽소리
큰 칼 높이 들었구나.

충성심에 불타는 오천 군사는
자랑스러운 꽃이 되고 흙이 되고

백제는 망하였어도

그대 넋은 살아 있어

철갑 옷 부여잡고
천 년 한恨 소리쳐 울고 싶구나.

죽어서도 죽지 않은
불사신의 장군
계백장군이여!

문답시

꽃가지 휘어잡고 낙화애게 물어 본다
봄빛은 아직 남아 있는데 너는 왜 벌써 가느냐고
낙화는 조용히 웃으며 말한다.
떠날 때를 알아야 새잎이 돋아나고 열매가 맺는다고.

볕 좋은 봄 날 조그마한 들꽃에 물어 본다.
너는 왜 다른 꽃들처럼 붉고 크게 피지 않느냐고
들꽃은 한들한들 웃으며 말한다.
세상은 내 모습에 다른 색이 있어야 아름다운 것이라고.

하늘이 높고 푸른 날 구름에게 물에 물어본다.
너는 왜 다른 모양으로 수시 변하느냐고
구름은 멀리 멀리 손짓 하며 말한다.
변하는 것은 세상의 이치이니 따르는 것이 순리리고.

강가에 앉이 흐르는 물을 보고 물어 본다.
너는 왜 한 곳에 머물러 있지 않고 흘러가느냐고.
물결은 출렁출렁 흘러가면서 말한다.
앞에 물이 흘러가야 뒤에 오는 물이 맑아진다고.

긴 밤 잠 못 들어 창문 열고 달에게 물어본다.
너는 왜 밤마다 떠올라 세상 사람을 울리느냐고

휘영청 밝은 달이 은은한 미소로 말한다.
다정한 친구 되어 아픈 마음 달래 주는 것이라고.

하늘 높이 나는 철새를 불러 잠시 물어본다.
너는 왜 해마다 멀리서 날라 와 우느냐고
철새는 훨훨 빠르게 날라 가며 말한다.
오다가다 살던 곳이라도 어찌 옛정을 잊을 수 있느냐고.

덧없이 흘러가는 세월 보고 물어본다.
너는 왜 한 번 가면 다시 오지 않느냐고
세월이 무정하게 달려가며 야속하게 말한다.
서러워도 어쩌겠나, 다시 오면 세상 질서가 무너진다고.

그리운 사람

꽃이 진 가지에 푸른 잎이 돋아나고
그대 떠난 가슴엔 추억만 남았으니
꿈길에나 온다면 긴 잠 깨지 않으리.

세월이 간 자리엔 그리움이 남아 있고
그대는 밤마다 달 되어 떠오르는가
술잔 속에 그대 얼굴 마실 줄을 몰라라

에스컬레이터를 타고 온 망각 외 2편

권아올
(권중화)

눈병 앓는 사슴이
곧게 뻗친 길을 외면하고
호텔마당을 가로지른 빨간 카페트에
한줄기 레일을 놓았다

전국의 미용원을 솎아서 정제 된 무리들
그 무리는 지상 2층에 올라
너무 멀어 뜨거운 무지개가 시린 객석에서
몸을 뒤집는다

몇 무리의 사슴 떼는 반사된 불빛에 찔려
한쪽 눈을 감고 무대를 향해 내쳐진
작고 더딘 사금파리다

그 속으로 침잠하는 무수한 까만 망막들
막다른 갈래길의 빨간 신호를 쫓는다
한뼘한뼘 불빛으로 쏘아대는 혼돈에
전국 1등이라는 유리벽을 깨부수는 망각
빨간 신호등을 튀어 나온 시력 잃은 무리들 속에
최고라는 상장이 날아오르는 호텔에 와서
방 열쇄를 잃었다.

세일즈를 바겐세일 합니다

간밤에 내린 비가 채 마르지 못한 날
의도 되지 않았던 망각의 시간에
이수역 3번 출구 늙은 구멍가게에
쪼그려 앉아 캔 맥주를 뜯는다
왜 이곳에 있는지도 모른다
기억되지 않는 실체가
계산되질 않는 미시적 맑음처럼
존재보다 사라짐에 몰두할 때
어차피 흘러온 삶은 엮임의 흔적인가

오늘 세일즈의 아픔이
엉켜버린 난수표처럼
거시 회계적으로
분해 할 수 없다면
훗날 내가 원가의 심도를 알고
계산 할 수 있는 바겐세일에
계량적 잣대를 들이대는
그날이 오면
수치로 표현 할 수 없는 나를
저울질 해야만 한다.

사랑하는 내 남자가 어느덧

한 순배 돌고 돌듯 찾아온 60년
어느덧 돌고나니 바로 그 자리
철산에 잎새 돋워 푸르름 짓고
사랑을 되새기며 지나온 그 흐름들
이랑이랑 엮은 뱃머리에 함께 앉아
석양을 맞아합니다
당신과 함께 걸어오며
눈물이 앞을 가리던 그 먼 날들도
그래도 가끔씩은 행복하였습니다
이제야 딸년과 아들놈 제자리 찾아드니
허리 펴고 고개 들어 걸어온 길 찾습니다
어느새
당신의 그 눈가엔 잔주름 깊고
메마른 눈가에는 눈물 맺힙니다
이제사 흘린 눈물 씻어 내리고
눈 내리고 바람 불던 그 서글픔도
세월의 흐름과 함께 넘기고
지금 아름다운 자리 당신의 60년
오늘 당신의 아내는
당신이 걸어온 이 한세상
살면서 흘린 눈물 훔치고
당신과 맞불 놓은 짚불이고 싶습니다
진정 당신을 사랑하고 또 사랑할 거예요.

모래알 한 줌 쥐고 외 2편

권영목

텅 빈 뱃속에서 물소리 돋아나고
바람이 온 몸 훔쳐 갑니다

흘러가는 냇물소리 들리고
흘러가는 강물줄기 보입니다
돛 하나 멀리 떠내려갑니다.

바다에 닿는 하늘
하늘에 닿는 바다
모래밭에 심기우는 황금빛 햇살

검은 파도가 바위를 삼켰다
흰 거품으로 검은 바위 토합니다

푸른 하늘과 끝없는 바다
의 만남은 하나로 보입니다

한 줌 모래알 속에서
파란 파도 소리가 들리고
하얀 구름이 흐릅니다

모래알 63

고요히 눈을 감고
시간의 중심을 떠나
정견正見을 세우고
지혜의 눈 혜안慧眼으로
63빌딩 바로 바라보네

63빌딩도
한 줌 모래알
투명한 물방울

시작도 무無
끝도 무無

불타는 금강산

고요히 눈을 감고
시간의 중심을 떠나
정견正見을 세우고
지혜의 눈 혜안慧眼으로
금강산을 바로 바라보네

금강산은
흐르는 모래알
떨어지는 물방울
밖으로는 푸른 바람이 일고
안으로는 용광로, 불이 타고 있네

처음도 무無
나중도 무無

못 외 2편

통속의 못을 꺼내어
콘크리트 벽에 못질을 한다

못대가리를 욕망의 힘으로 쳐보지만
이내 못은 제 갈 길로 튕겨나가고
못 잡은 손만 피멍으로 검붉다

배려 없는 욕심에
통 속의 못들도 운 좋게 모두 굽어있다

빨래 줄을 다시 치기위해
철물점을 찾아 나선 길거리에서
구릿빛으로 뒹구는 동전 하나
사람의 눈치를 보다 허리를 굽혀보지만
구부러진 못만도 못하다는 생각에
그냥 두고 돌아서는 순간

자동차 바퀴에 으깨어진
그 십 원의 가슴에
못만 박고 말았다.

봄을 캐다

봄이 쑥을 캐는 것이 아니라
쑥이 봄을 캔다
매해마다 다르게 뽑히는
가슴깊이 묻혔던
장고개* 댁 한 숨 섞인 주름들이
쑥 뿌리
뿌리마다 매달려
쑤~욱– 빨려 나온다

툭–하고
털어내는 한恨 많은 삶속으로
경련을 일으킨 꽃들이
먼 산부터 여시 불을 피운다.

* 장고개_ 어머니의 고향 동네

하루살이

단,
하루를 살기 위해
천일동안 스물다섯 번의 허물을 벗으며
물밑에서 사는법을 배운다. 그것은
단, 하루 날갯짓을 누리기 위한 처절한 몸부림이다.
험한 물밑에서
견뎌내는 일이 순탄치 만은 않을 지라도
수많은 부서짐의 변신으로
그렇게 준비 하는 것이다
하루 동안 종족을 번식시키고
생의 마지막을 불태워야 하기에
지상의 하루는 입마저 없다
자신의 죽음이 다 할 때까지
처절하게 부서져본 사람만이
그의 비밀을 아는 것처럼

사주蛇酒 권하던 날 외 2편

김계식

넘치는 지혜로 하와를 유혹한 뒤
에덴동산에서 쫓겨나
배 밀어 험한 세상 낮게 기어 살다가
스물다섯 해 전 늦가을
무주구천동 덕유산 골짜기에서 붙잡혀
독한 술병 안에 갇힌 독사 한 마리

제 지은 원죄를 씻고 싶었는지
몸 안 깊이 숨긴
약효를 술에 풀고 품은 향을 토해내어
해맑은 노란 빛에 사과 향 물씬 풍기는
사주蛇酒가 되었구나

하와를 지켜내지 못한 아쉬움 남아
아담의 애플Adams Apple 어루만지며
아내의 아픔 바라본 긴 세월
이걸로 씻어보자
하와보다 더 간절히 반려를 유혹한다

믿음 소망 사랑
함께 담겼으니
어찌 밝은 빛 고이지 않으랴.

소삽한 마음 고샅길

목매기송아지 어미 떨어져 끌려가며
뒤돌아보는 눈빛으로
참았던 속울음이 울컥 쏟아지던 날

포개쌓았던 고운 추억 뒤집어엎어
뾰족하게 돋아나는 아픔의 불씨
우듬지를 짓뭉갰다

금계랍 묻은 젖꼭지 빤 어린애같이
입안에 온통 소태맛이 고여도
다지는 내일을 향한 눈빛 있어
하나를 위해 열을 참음이었다

저만큼
떠나가는 해거름이 짐을 싸며
앙앙대는 푸념으로 아픔 쏟아도
나의 길은 내 몫이라서
시상詩想 한 꼭지에 목매달고 있었다.

짚신이 신고 싶다

흐린 호롱불 밑에
살아오며 겪은 아픔만큼의 깊이로
꺾은 몸 수그리고 앉아
짚신을 삼는다

허리에 맨 새끼에 짓눌린 요통
엄지발가락에 낀 끈에 불림 당한 저림
날줄 사이 엮이는 지푸라기에 얹혀
간격 고른 씨줄이 된다

너는 벌써
생의 부침浮沈을 품은 터라
디딤과 밟힘의 조화를 터득했고

언제고 어느 때고
흙으로 돌아갈 본연을 입에 물었기에
낮게 내려앉은 자세로
차가움 따뜻함 마름 추짐
저 지심을 잘도 읽어냈다

두엄자리에 놓이는 날
짝 잃은 아픔을 울어댈지는 몰라도

납작 엎드린 생김을 아쉬워하지 않을
삶과 죽음을 달관한 짚신

오늘은 그냥
그 짚신이 신고 싶다.

준비 없는 가출 외 2편

그가 서 있는 지점은 종점이다

이젠 더 이상 가야할 곳도 없다
어차피 출발점에 서 있을 때도
갈 곳은 불확실했다

바보가 될수록 밝아지는 세상에서
그저 그렇게 시간을 따라갈 뿐이다
사방을 둘려 보았지만
바쁘게 지나가는 사람들뿐
그의 존재는
이미 세상 밖으로 밀려나가고 있다

사람들을 뱉어내고
사람들을 들이마시는 버스가
절름거리며 달려온다

존재 밖에서 보고 있는 지구는
여전히 원형의 틀 속에서
다람쥐 쳇바퀴처럼 돌고 있다
포말처럼 솟아오르던 욕망을 접고
질퍽거리는 길 위로

만신창이가 된 마음 앞세워
발끝을 따라간다

되돌아갈까 말까
저울질하는 추가 흔들거린다
무의식의 실체를 이끌고 서있는 종점에서

세탁기속의 기억들

어두운 세상 휩쓸고 온
지난 것들을
하나씩 하나씩 집어넣는다

땀 냄새 물씬 풍기는
옷가지며
세파에 시달린 발 냄새와
너절하게 놓여있는
온갖 기억들을 모아
하얀 거품 새김질 한다

거품만이 가득한 세상에서
돌고 도는 얼룩진 얼굴들이
부정과 부패를 끌어안고 돈다

앙금으로 눌러 붙은
생의 찌든 때가
쌓인 울분 토해내고
왔던 길 되돌아보며
탐오한 세월 말갛게 흘려보낸다

부활을 꿈꾸는 바다

그때 그 바다는
피멍이 들어 있었다
해변으로 떠밀려온 파도는
여기저기 남루한 발자국을 지우고

모래알처럼 깔려있는 기억과
그리운 언어들이 뛰어놀던
유년의 모래성을 삼켜버린 파도

빈 거물 엮어가는 만선의 깃발은
소금기 묻은 어부들의 소망이
파도에 휩쓸려 밀물져오는 그 바닷가

갯바위에 올라서면
한 서린 원혼들의 소리인 양
하늘높이 치솟는 파도
그 파도의 높이만큼 일어서는 힘
수만 갈래로 부서지는 물보라가 있기에
쓰러졌다 다시 일어서려는 바다
바다는
아! 부활을 꿈꾸고 있구나

희망 버스는 내일 외 4편

막차 떠난 승차권
아무 때나 굴러갈 바퀴가 있었으면 좋겠어
다음 버스는 내일
희망 없는 버스는 어제
벚나무 아래 벚꽃이 화르르 바람을 탄다

등나무 벤치에 앉아 꽃잎을 센다
꽃잎은 열셋……, 꽃잎은 열아홉……, 꽃잎은……,
속절없는 스물 셋……, 젖은 꽃잎 서른 둘…
내일 아침에 눈뜨면 막차가 떠난 자리에 씨방이 여물까

오늘은 오지 않는 버스
정규노선이 영영 사라지고 지워진 내일의 정거장
꽃잎은 떨어져 어디로 흘러갈까
찌그러지는 초승달 핏기 없는 그믐달 그러나 울음을 삼킨 달
조금 아주 조금 혼자서 천천히 늙겠다고
희망을 포기하지 않을 때
버스는 오는 거라고
내일은 태양을 머리에 이고 떠나도 좋은 날
오늘 마감인 이력서가 접수되지 않았더라도 내일은
막차를 놓치지 않아야 하는 날
내일의 희망버스

집 없이 떠도는 도둑고양이야, 내일을 포기한 그믐
밤처럼
그런데 목적지가 어디지?
시간표 없는 승차권을 너에게 주마

피카츄의 사기

내 몸 곳곳에 우글거리는 귀여운 악마들 언제 불쑥 튀어나올지 배꼽 긁어도 알 수 없어요 서랍 속에 숨긴 엄마의 통장을 훔쳐 샴 고양이 예삐에게 리본을 사 줄까요 예삐와 함께 멀리 아주 멀리 떠나버리고 싶은 맘 뒤돌아올 수 없는 거기는 찬란할까요 그랜드 캐논 콜로라도 깊은 골짜기에서 사억 오천년 전 외계인과 외눈박이 사랑을 나누다가 여우별에게 들키고 싶어요 여름날엔 악마의 심장도 뜨거워져 소낙비 속에 와글와글 모여 들겠죠 꼬리 긴 도마뱀의 몸통처럼 오그라든 몸을 계곡에 숨기다 절벽 아래로 떨어지면 영혼도 날아가겠죠 아뇨 착하게 살게요 엄마와 약속한 1초 만에 변심한 마음을 사탄에게 반납하라고 닦달하겠어요

아이스크림이 녹아버리듯 쉽게 잠들어 깨지 않는 밤

불온한 연애지침서를 탐독하다가 잠깐 순해졌던 것도 같아요 사람들은 기적을 꿈꿨고 난 희망을 고무풍선껌 띄워 허영심을 부풀렸죠 하지만 책갈피 속에 숨은 네잎클로버는 사라진지 오래 매일 매일 화장을 지우고 하루하루를 불태워버리면 이별은 메이크업 진한 축제에 불과 할뿐 나를 떠난 예삐의 빈자리엔 레퀴엠이 흐르고 그럴때마다 귀여운 악마들은 천사의 위선을 조롱해요 사랑해요! 속삭이지만 원초적 본능에 길든 사람, 사랑해요 갑자기 불경한 연애에 푹 빠져 돌아오고 싶지 않아요 아제아제 바라아제

풍선

네 숨을 깊숙이 불어 넣어봐 숨구멍에 입술을 대고
최대한 천천히… 눈도 불룩 배 불룩
허리도 불룩
그래도 조심조심 카우보이모자에
또또새 깃털을 꽂고
섹시한 머플러도 매어줘야지

서부의 카우보이 힙팝도 부럽지 않은 행동 어때!
칙칙팡팡 속력을 내며
자, 날아오르는 거다 날아오르는 거야!
계수나무 우듬지에 닿을 수 있을까
토끼가 파방파방 달리는 것과
어린애가 깡총깡총 뜀박질하는 차이는 무얼까

또또새는 또 다른 거짓말을 하고 싶어 하지
가장 붉은 깃털로 또또, 또 여자 친구에게 거짓
편지를 쓰지
엄마기린 발자국을 따라
아기기린은 은하수 구름다리까지 찾아올까

바람은 자꾸 길을 지우고 집으로 가는 표지판은
멀어져 가고

먹다 남은 쿠키는 어항 속 금붕어 먹이로
금붕어는 고양이의 저녁 식사로
사라질까
하지만 절대로

이 손을 놓을 수는 없는 걸
심장이 터져버릴 것 같아!

누군가 내 숨구멍에 방향계를 달아줘야겠어!

소리의 집

낮엔 담장을 넘어가던 어머니의 짜랑짜랑한 목소리가
밤엔 관절염으로 끙끙 앓는 소리로 바뀌었다
낮과 밤이 뒤바뀐 그 소리에
헛간 옆 절구는 찬바람소리를 약제로 쓴다며
밤새 바람을 모아 절구를 찧어대고
달빛은 소리의 집단을
쉿! 열 차렷 시키는데
어머니 코고는 소리는 아랑곳없이
자진모리와 휘몰이로 소리의 물레를 돌렸다

소리는 빠르게 음의 집을 만들며
푸푸 풋- 후욱 푸 우우~
픕,
저러시다 숨이 막히는 것은 아닐까?
이십대에 뒤틀리고 잡아 뜯긴 숨의 뿌리로 6.25를 보내셨고
저 숨의 깊이와 간격의 힘으로 서른일곱에
눈이 큰 계집아이를 낳으셨다
여든셋 평생 그렇게
올차게 숨줄을 잡고 버티고 계신다

눈 내리던 겨울, 삼십삼 년을 살아온
지아비를 소리 없는 집에 묻으신 후

더욱 버거워진 숨소리가 시골집 텅 빈 안방
색 바랜 사방무늬 벽지에 앉아 졸고 있다
그러다 잠이 들면 힘겨운 어머니의 숨소리는
장단이 필요 없는 박자로
음의 실타래를 느리게 풀고 빠르게 감으며
소리의 물레를 돌리셨다
나는 바람의 인기척과
어머니 숨소리에 마음 비비며
끝끝내 소리의 집에 졸업장을 주고 싶지 않았다

구례, 문수사 가는 길

구순의 아버지가 오랜 침상을 비운 후

세 자매는 노모를 모시고 첫
여행길에 올랐고요 바람은
오후의 이불을 펴고 잠들었고요 햇살은
네 여자의 등에 업혔고요 돌탑 위
다람쥐는 제가 부처인양
부동자세이고요 저기 이정표엔
길 잃은 벚꽃들이 호호거리며 뒤따라오고요 섬진강
매화꽃 은어떼가 손짓하고요 세 자매와
일흔 여덟의 노모가 가는 길엔 봄볕이
앞서가고요 키 큰 숲은
허리를 낮추어 길을 내어 주고요 숨차게
걸어온 길에 멀리 일주문이 보이고요 문수사엔
부처보다 먼저 반달곰이 손을 내밀었고요 엄니는
노구의 이정표를 삼신각에 내려놓으셨고요 부처는
남은 여정 어여가자 하고요 바람도
물소리도 어머니의 발걸음 따라 속도를
늦추며 달려가고요 노모에겐
마지막일지 모르는 봄빛이 굽이굽이
그렇게 따라오고요 산수유
꽃잎 속에 봄도 글썽거리며 따라오네요

여러 개의 발을 갖고 싶다 외 2편

김동순

창을 열면 앞뒤 모두 나무숲이다
오 층까지 창을 가리거나, 넘나드는
오래된 아파트
아름드리나무들은
원주민 일상을 하나도 놓치지 않고
속속들이 다 알고 있다
잠 이루기 직전이나 잠 못 이루는 밤에도 창 안을 엿보거나 바람을 불어넣어
꿈을 흔든다.

창에 어린 푸른 그늘까지도
뒤집어 트는 오후에는
땡그랑거리며 푸른 물
떨어지는 소리가 들린다.

몸을 돌돌 마는 일은
피안에 들기 위한 몰입의 시작이다
드디어 나의 방을 갖게 되었을 때

고립이 살갗으로 굳어갈 때도 생각들은
조각난 연체동물처럼
꼬물거렸다.

몇몇 해 여름이 은둔의 문을 푸르게 푸르게 어른거리거나 감쌌다.
여러 개의 발이 되는 밑그림이 완성되고
다리는 검은 그늘 몸통에서 가지처럼 뻗어 나왔다.

이 세계의 벽과 저쪽 세계의 벽에는 내가 모르는 줄이 그어져 있다.
암호의 길처럼
단단한

어떤 그리움은 극성스럽다 여러 개의 발로 기어 왔다
거미라고 했다.
쓱쓱 벽을 타고 공중으로 오르는 일
스멀스멀 발가락마다 세상의 촉감은 다르다
이건 쾌감일까?

이제 나락으로 떨어질 리는 없다
손을 버리고 난 뒤부터
놓치는 일은 없다.

배꽃으로

배 밭에 배꽃이
다투어 꽃망울
부풀어 있네
무슨 궁리같이
너를 만나기 직전
심장같이

내일이면
참았던 숨처럼
긴장처럼

파 –

꽃문 열겠지?
무슨 아름다운 말
나에게 하려고

소요산 저녁

저녁이 되자
낮에 그 인파
흔적 없고
길가 아름드리나무들이
줄줄이 서서
산에 오른다
짐승도 새들도 없고
적적한 오름만 있다
침묵하라!
자재암에서
흘러나오는 묵언
석간수로 목을 축이고
절 마당에 서서
부처님 단독면담하고
돌아서는데

반달이 얼키고 설킨
가지 사이로 떠
부처님은 하늘에 계시는가
신비롭고 거룩하다
도대체 여긴 어딘가?
누가 매일 밤 이곳으로

나를 부르는가

그리움에도 뼈가 생겼다
병이다
풍경소리 그 뼈를 흔든다
그럴 때마다
신음 절로 나온다.

대마도 외 4편

김무영

한반도 기운으로
떠다니다가
태평양 한길목에 자리한 물결
뭍을 그리다 섬이 되었다

해협 한가운데 내버려져
어쩌다 난파선 되어 소리치는 외는
바람도 멈추지 않는 외톨이
실오라기로 버티고 있다

눈감아도 보이는 아! 대마도
닿을 듯 닿을 듯
여태까지 그렇게 애간장을 태웠구나
지천에서 날마다 손 내밀고 외치던

끊으질 듯 너의 숨소리
그 한의 세월을
이제야 가슴으로 안는다
나의 아해兒孩야

비닐

늙은 농부가 낸 고속도로 위로
검은 비닐이 걸어간다
흙으로 덮일 운명이지만
되려 신바람만 일고 있다

한 겹 한 겹
제 몸뚱이 살 도려내어도 저렇게 좋을까
마지막 흰 뼛자국만 남았을 때
제 몸뚱이가 그려낸 자신을 보고 있다

아! 아름다운 세상

고뇌를 삼켜 풀어 헤친
옹이리진 살점미다
새 생명이 돋고 있다

아빠

햇살이 막 드린 창가에 아가의 음성이 걸려 있다
맑다가 애절하다가
창문 틈새로 파고들어
온 잠을 깨우고 있다
왜 아빠를 부르짖고 있을까

고구마밭에 뿌린 물이
흙연기가 되어 달려든다
흙투성이 장갑으로 얼굴 땀을 훔쳐
스쳐가는 자국이 길을 내었다
나란히 가다가 엇갈리다가
개발새발 난 길이 얼굴에 붙어 땀샘을 훔치고 있다
엘리베이트 거울에 비친 러시아워가 새벽부터 시작이다
도회지의 빈틈없는 거리를 이상한 사람이
도시를 모두 집어삼킬 궁상이다

아빠 아빠!
아파트 중간 창문에 기댄 아가의 화음이
메아리쳐 쉼 없이 내 가슴을 찢고 있다

주막

내 몸이 천근만근 일 때
주막으로 간다
주막의 문은 밤새도록 검문이 없다
나를 원치 않은 사람이 아무도 없다

그에게로 넘겨진 잔에 물이 고인다
눈물이 되었다가 눈빛이 되었다가
그 정 지고 나르며 그네를 탄 잔은
부풀어 간다

드디어 잔은 나를 안고
춤을 춘다
나를 따라 다니든 이상한 나라 사람들이
하나 둘 떨어진다

주막에는 정원 초과가 없다
무게를 줄이는 소리가 살고 있다
경계를 허무는 소리가 날고 있다
소리도 없는 정이 주막을 움켜쥐고 있다

풍경

풍경에 들면
칠천량 해전 용사들의 함성이 들린다
혈의 전투에서 물결로 사라진 장병들의
마지막 절규가 교각으로 타오르고 있다

뭍을 그리듯 어머니!
그믐날 달빛 같은 염원을 안고
또 한걸음
생명을 이어가고 있다

내 풍경의 종점은
꺼질듯 붙든 빛
받고 선 바다
그 바다 한 모퉁이

큰 절 올립니다 외 4편

김복수

밀린 석 달 치 노임을 받아 버스 터미널 골목을 종종걸음 치던 길
누가 옷깃을 부여잡는다
~ 아저씨 잘 해 드릴 터니 쉬었다 가세요 ~
나는 못들은 척 옷깃을 뿌리치고 걷는다
그러나 다시 옷깃을 부여잡고 통사정한다.
~ 배가 너무 고파서 그래요 사정 한 번 봐 주세요 ~
화장기 없는 얼굴, 초라한 옷차림
몸을 파는 여자 모습이 아니었다
커다란 눈에서는 금방이라도 눈물이 쏟아질 것만 같았다
나는 나도 모르게 노임봉투를 꺼내어 여자 손에 쥐어주고
가던 길을 재촉하였다

하루가 멀다 하고 들락거리는 술친구가 있다
~ 장터에 근사한 국밥집이 새로 생겼데 한 잔 어때 ~
마침 컬컬하고 목이 마르던 때라 선뜻 따라 나섰다
아담한 가게에 깔끔한 음식 눈이 보름달 같은 주인 아줌마
술맛이 좋았다
우리는 그렇고 그런 이야기를 술잔 위에 올려 놓고 시간 가는 줄 몰랐다
그런데 처음부터 주인 아줌마가 나를 유심히 쳐다보는 것이 아닌가!
~ 아줌마 내가 얼마나 잘생겼기에 그렇게 자꾸 쳐다 보시오? ~
아줌마가 빙그레 웃더니 천천히 걸어 나와 멈칫거린다

~ 혹시 칠년 전 이맘때쯤 어떤 여자를 기억 하시는 지요 ~
나는 순간 전기에 감전된 것처럼 정신이 번쩍 들었다
~ 아하 터미널 골목길 눈이 큰 여자 ! ~
그때 마침 일을 마치고 들어오는 사내가 있었다
~ 여보 세상에 이럴 수가 내가 항상 말하던 바로 그분이 ~
부부는 이산가족상봉 부모를 만난 것처럼
바닥에 철푸덕 엎드려 큰 절을 올린다
하염없는 감격의 눈물이 홀 바닥을 적신다.

늙은 황소는 하느님이 걱정을 하지 않아도 서 마지기 수렁논을 갈고 있다

엊그제 용돈으로 삼십 만원
오늘은 기숙사비로 백 이십 만원
또 내일 모래는 등록금으로 백 팔십 만원
교대 삼학년 2학기 손녀 학자금으로 주고 주어야 할 돈이다
지금쯤 통장 마이너스도 턱밑까지 차올라 더 이상은 손사래를 칠 것이다

그러나 내후년이면 손녀가 사회인으로 첫발을 내딛고
비탈밭 삼천 평에 심어 놓은 사과도 주렁주렁 열릴 것이다
그리고 나는 그들의 사는 모습에 고개 끄덕이며
쉬엄쉬엄 컴퓨터 자판기 앞에 앉자 그들의 이야기에다
내 마음을 얹어 빨간 능금 같은 시詩를 심을 것이다

그래! 아무렴 지나고 나면 별일도 아닌 것들이
그렇게도 가슴을 뛰게 했는지 모른다.

하느님 이제 걱정일랑 내려놓고
말씀 좀 하여 보세요?
나 잘 살고 있는 거 맞나요

말복

그 자식 이름이 갑자기 생각이 나지 않아
최가는 최가데 이름이 도통 생각이 나지 않아
지가 무슨 최영 장군 후손이라고 거들먹거리는 놈
술 잘 처먹고 술만 들어가면 말로 안주하는 놈
여자만 보면 실실 장난기 발동하는 놈
그래도 인정은 많아
친구들 호주머니 있는 대로 털어주고
빚 보증 서느라 칠십이 넘도록 빈 불알만 차고 다니는 놈
어느 날 파출소 찾아가 보증서에다 손도장 꾹 눌러주고
~ 이놈아 여자 보기를 돌같이 하라 ~
니 할배 말도 있었느냐?
그래도 그놈 이름이 생각이 나지 않아
내일은 말복 날
그놈이 큰 소리치며 마당에 들어서겠지
아하! 최 아무개 이놈
그동안 이름까지 과부 치마폭에 푹 빠져 있다 왔나?

겉절이

~ 맛있어? ~
~ 응. 참 맛있어 ~
텃밭에서 서둘러 따다가 주물럭주물럭 무쳐 놓은 상추 겉절이
먹는 입보다 보는 눈이 더 맛있다.

다 늦은 저녁 들일을 마치고 종종걸음치든
엄니의 바구니에는 언제나 푸정가리가 담겨있었다.

해거름 어미 새를 애타게 기다리는 노란 주둥이들
어서어서 바삐 서둘러 무쳐 놓은 겉절이
석 잠자고 난 누에처럼 맛있게 먹어 치우는 아이들

그때 바라보던 엄니의 눈
지금 보름달처럼 내려와
오지게 나를 지켜보고 있다.

막걸리와 아버지

병 속에 담긴 막걸리는 흔들어야 제맛이 나고
옹배기에 담긴 막걸리는 남실거려야 풍류가 보이고
주전자에 담긴 막걸리는 연륜처럼 상처가 많을수록
깊은 맛이 보인다.

사는 것이 다는 아니지만
어쩌면 막걸리를 닮은 것이다

세상을 걷다보면
흔들면서 사는 것들이
가득 채우려 욕심부리는 것들이
시도 때도 없이 기다리고 있다 하지만
세월은 말없이 주름살처럼
하나 둘 상처만 새기고 있다.

그러나 어느 날
목로주점 찌그러진 주전자로
넘치도록 부어 놓은 막걸리 사발을 앞에 놓고
아버지처럼 세상을 달래고 있을 날도 있을 것이다

기차 속 세상 읽기 외 2편

김서정

어둠을 깔고 누운 철로 위를
질주하는 10시 1분 대전 발 무궁화호

아무려면 누가 볼까
천지간에 아는 이 없으니
보자기에 싸인 사연들
하품하는 여인의 모습으로 꼬리에 꼬리를 문다

보는 것만으로도
듣는 것만으로도
희노애락 넘치는데
어쩔라고 저 여인 입 안에 세상을 담고 사는지
마주앉은 남정네 눈꺼풀엔
쇳덩이 천 근 보란 듯이 자리 틀 때

시나브로
차창 기댄 여린 어깨
어둠만큼이나 잠 토닥인다.

새벽녘

대덕군 진잠면 골목어귀
담장 낮은 너와집

온기 끊긴 흔적들
문틈으로 파고드는 장작불에 나른하다

지친 걸음걸음에
들판 신음 앓는 소리

홀로 걷는 이
동행하는 들바람이 벗이었구나

겨울의 끝자락에 타들어 가는 어둠
너와집 뒷방에는
거울에 반사 된 새벽녘 눈부시다.

대청호 가을

폭염으로 밀어버린
나의 바람으로
쏟아지는 홍紅보석 빛

폴모리아의 이사도라 선율따라
바람에 밀려 온 몇몇 갈잎은
아직도 깨어나지 못하고
수면을 쓰다듬는 정적만
내 마음 속으로 간간히 흐른다

채워도 비워지는 대청호
낙엽들의 소리 없는 위대한 움직임이다

숨바꼭질 외 2편

김수노기

보이지 않고
대답도 없고
어디 있을까

눈시울 안에
목젖 그 뒤에
숨어서

뜬금없이
손짓하는 그대
찾았네

무쇠 한 조각

무쇠 조각 하나를 불에 달구어
앞 뒤로 두드리고 펴서
다듬고 잘라 내는 아픔을 겪어야
비로소 쇠 한 조각이
사람이 필요로 하는
도구가 됩니다
무쇠의 그런 고통과
대장장이의 비오듯 흐르는
땀이 없다면
기억자의 낫이나, 도끼
호미 따위는 없습니다

그렇다면
전지전능하신 분이시여
이몸을 어디에 쓰시려
이토록 긴 시간 불고문 하십니까
당신에게 호미가 필요하시다면, 기꺼이
한조각의 무쇠가 되드리겠습니다.

점 하나로

그대가 내게 오실 땐
점 하나 였습니다
보일 듯 말 듯 한
점, 점, 막연한 점 들을
이으면 _(선)이 되고
글자가 되고
한 줄의 글이 됩니다

작은 점 하나로 오신 분
큰 인연되어
내안에 목마름을 적시고
허기짐을 채우며
숭숭 뚫린 영혼의 빈곳을
열두 가지 물감으로
메워 갑니다
이제 탐스러운 붓 끝이
내게 휘돌아치고
달디단 냄새가 세상
멀리멀리 퍼져 나갈 날을
기다립니다

점 하나의 소중함을 느끼면서.

앵두, 태양을 탐닉하다 외 4편

김영미

앵두는 태양열의 저장고
볕길 따라
풀빛들이 살을 불리던
기억에서 멀어진 양지의 날들
그 속에서 종교처럼 지켜냈을
열매를 받아내는 일,
단물 오른 앵두가 터질 기세다
그것은 붉음의 과부화다
유통기한 없는 슬픔들이 다져놓은
불안한 오후가
태양의 캡슐 속에 갇히는

지상의 저울 하나 바로 세우는 일
그 현기증 나던 일상이 입덧을 한다
예금통장 수치에 걸린
불안의 초침을 내려놓고
뇌관을 누르던 문자들의 무게와
먹물의 허울이 가둔 그늘도 펴낸다

하늘 들어 해를 품은 날
앵두꽃빛으로 천지가 그득하다
빛이 머문

뼈를 세운 단내가 부드럽다
해를 삼킨 혓바닥은 열반에 들고
태양의 과즙으로 감전된
부푼 가슴이 뜨겁다

탐닉, 그 구도의 길에서
열매가 있는 사막 안쪽을 향한
빗장 걸린 봄날을 허문다

숲의 이면을 엿보다

베란다를 빠져나온 온기들이
긴 그림자를 끌고 숲을 향한다
비의 고형에 갇혔던 5월의 기억들이
태양의 내면을 복사해 잎맥을 덧칠하는
잠깐의 방심도 허락하지 않을 겨울 산은
신의 비망록이다
밀반입된 봄을 보수하려는 듯
새들은 허공이 비좁다
하늘을 쪼아대며 분주하다
털을 세운 짐승들과
계곡으로 달려가는 돌은
이끼의 이력을 허공에 묻었다
혹한을 벼리며
입김으로 시를 쓰던 나무들
제 존재를 부추기며 발끝을 세우고
도심에 잠식당한 숲을 건너다본다
베란다 한켠,
잘 달궈진 태양의 편지에는
5월의 기억들이 시를 읊고
축축해진 어깨 위로 휴업간판을 내거는
고단했을 저문 하루가
붉게 물든 숲을 접는다

노가리 앞에서

노가리에서 염전 바닥을 스치던 바람 냄새가 난다
달빛을 등지고 들어서는 지아비 몸에서 맡던 그 냄새다

탄력 있던 육체는
욕망과 생존의 습기마저 포획당한 채
가지런히 접시에 누워 참선중이다
구멍 난 삶으로 오염된 상처를 닦아내 듯
애증으로 차오르는 가슴에 소주를 부어 넣는다
채우지 못한 내안의 갈증으로
열기 오른 입술이 접시를 훑는 사이
몸통에 달라붙어 있던 지느러미가 날개를 펼친다
거세당한 꿈으로 가슴은 염전이 되는 동안
어린 명태들이 술잔을 튀어 오르며 파도를 가른다
짠내와 갯내도 일렁인다
삼킬 수 없는 바닷물처럼 입전만 맴도는 파도소리 때문에
난 결국 노가리를 씹지 못했고
마른 몸통을 툭툭 분지르는 손끝을 바라보며 깡술을 마신다
간도 쓸개도 버려야 했을 지아비 빈 가슴을 바라보면서

치열했던 삶 가벼이 비우고 바다를 닮아가는 노가리 앞에서
취기어린 도피를 꿈꾸는 내 독설은 서서히 말라가고
비우지 못한 욕망의 편린은 허공으로 흩어진다.

창자 속까지 수분을 비워낸 마른 눈에서 난 왜 자꾸만 바다가 보이는 걸까
알콜로 마비된 가슴의 상처는 왜 자꾸만 몸통을 불리며 파도소리를 내는 걸까

세발의 반란

치열한 생존의 몸부림에
몇 톨의 바다를 위로처럼 뿌려준다
단두댄 줄도 모르고 빨판을 밀착시키던
난도당한 촉수마다 흡착된 비명이 꿈틀댄다
세상 저쪽에서
커다란 욕망을 실으려했던
세발로 걸어온 길들은
저토록 뻘 속에서 제 운명을 내 놓는가
낙지를 씻는 일은
바다의 중심을 들여다보는 일
쉽사리 내주지 않던 바다 속 흑심을 짐짓 더듬는 사이
술은 응고된 지 오래
프라스틱 접시가 싸늘한 잔 몇 개를 장만하는 저녁,
돌이켜보면 청춘은 늘 갈림길이었지
많은 이들이 더 넓을 바다로 향할 때
몇몇은 진흙 속 진리를 찾으려 했고
난 심해의 사연을 세상 저쪽까지 전하려했다
뻘 속 진리가 흔들릴 때면
마른 가슴에 바다를 불러들이며
염분 섞인 바람에 밋밋한 사연을 실어 보낸다
세상 어딘가에선
날선 내 언어가

스스로의 단두대가 될지도 모를 일,
시혼의 빨판을
프라스틱 같은 세상에 밀착시켜본다
낙지를 씻는 일은
세발로 걸어온 청춘의 위로며
뒷길에 쌓아둔 흑심을 헹궈
심혼의 바다로 되돌려 보내는 일이다

안부

콘크리트 숲을 비집고
가지런히 내려온 오후의 햇살이
반쯤 눈감을 때면
여인의 무릎을 훔치던 바람이
숲을 지나쳐 푸른 그림자가 된다
문득 모성의 그늘로 숨어들던
외출의 안쪽이 궁금해진다
붓기가 가시지 않은 발등엔
신문 지면을 벗어난 지루한 활자들이 쌓이고
침묵을 깬 조명등은 실내를 배회하며 어수선하다
콘크리트 숲속엔
활자화 되지 못한 수많은 사연들이
내뱉지 못한 그리움 맺힌 단풍잎처럼
화려하면서 위태롭다
광야를 누비는 하이에나처럼 치열하다
때론 시냇물처럼 정겹던 수다들은
현관문 앞에서 실종되곤 한다
하이힐을 벗어버린 관절마다 의문부호인데
아무도 궁금해 하지 않는 외출의 안쪽은 공허하다
그래서 더 은밀하다

제2의 호흡 외 4편

연초록의 속살이 몽롱하도록
서로의 체취를 끌어안은
혼숙의 시작이다

기다림의 시간
어둠의 기운이 일제히 일어나고
먼 기억 속으로
소리 없이 사라지는 작은 기포들

제각기 영혼을 불사르며
아침 햇살 바다에
내려앉은 호흡
붉은 물결무늬 선명하다

*산야초 효소 만드는 것을 보고 쓴 글입니다.

아버지의 바다

편두통이 울던
어느 날

어린 조팝나무 꽃잎 하나
휴지에 말려 비릿하게
지붕으로 던져졌다

지붕 위에 던져진 분신은
그날 이후
아버지의 빈손을 이끌고
허공을 헤매는 새가 되었다

아버지는
맛조개 잡아주시고
생굴 입에 넣어주시던
주름진 뻘밭을
얼마나 오래 걸어 나오셨을까

유난히도 길었던 늦여름
지붕위에 던져진 나의 것보다
더 높이 올라가신 아버지

저녁바다 산 그림자 속에
반백의 편두통이
그립도록 출렁인다

나팔꽃

햇살에
솜털을 일으켜 세우며
나팔소리 은은히 대지를 깨운다

하늘을 온몸으로 품으며
끝도 없이 자신을 출산하는
자주빛 미소

창을 열고
탱탱한 네 자궁 속에
머물고 싶은 유정란
화답하는 세포들의 반란

칠월의 동거는 신이 내린 선물이다

시간

늦더위가 어둑한 저녁
미동도 하지 않고
몸을 부풀리는 바이러스
계절이 스쳐 간
습지의 시간을 펴 나른다
파도는 끊임없이
속울음을 삼키고
하늘의 기도는
탈출 할 수 없는
허상의 벽을 조각낸다

방문객

한줄기 빛으로
흑암을 가르며
들숨하나 태동을 시작한다

묵언의 길에서
피돌기를 끌어안고
돌아가는 소우주

기억의 모서리에
지워지지 않는 동그라미 암각화
하얀 거울위에
소멸되지 않는 언어를 말하고 있다

무한한
우주의 품으로 피어나는
태고의 불꽃

불구경 외 4편

김정자

비지땀을 흘리며
헛기침에 내 안의 가시를 뱉어낼 때
목은 이미 벌겋게 부어올라

쉬어버린 메아리 나뭇가지에 달려
바람에 날리는 불씨가 되고
별난 구경에 활활 불이 지펴진다

구경꾼들아 모여라

가슴을 짓누르며 박혀
기어코 뽑혀지지 않는 옹이들까지

다 태우리라 활활 태우리라

이별을 고하기에
오래도록 사모한 마음
해가 난 길을 달빛으로 덮기 전
서둘러
고백해야만 한다
계절을 더듬으며
이별과 기다림에

아름다운 눈물은 높이도 걸려

나를 드나들던
서리 내린 침묵은
그윽이
깊어가는 가을을
얼마나 읊어 낼 수 있을까

불이야
불이야
불이 춤춘다

소요산 단풍

갈 볕이 좋다
바람에 의연한
뿌리 깊은 울림

느릿느릿 표시 없이 크게 자란 울림은
귀를 바짝 세운 세상을 흔든다

벙어리 냉가슴에 퍼붓지 못했던 말들

묵은 체증처럼
얹혀있던 당연한 소리들이
꼬장을 부리며 튀어나와도
이제는 그러려니다

속없음에
무엇을 채울른지 궁금한 나이테를
미련 없이 과거로 묻은 지 한참

결코 짧지 않은 가을볕에
정체된 삶의 설운 눈물 콧물
미련 없이 털어버리고
황홀한 사랑에 빠진 이야기

하나 있다는 것이 다행이다

알록달록 내 맘 네 맘에
붉그락 푸르락 밀물처럼 차오르는 속마음 더해
메아리까지 온통 땀에 젖어 길을 잃던 날

해 그림자 따라가는 발걸음들이
돌아가면 섬섬히 눈에 선할 터이다

햇살위에 비늘을 세우며 나는 물고기

지금쯤 어디만치 왔는지
시간이 어찌되었는지
해가 굼뜨다

단단한 콘크리트가 개울 한쪽을 덮어
쉬는 자동차와 시간을 쪼갠 부지런한 사람들의 기지개가
하늘의 해를 낚아챌 듯하다

개울가 덩치 큰 아파트와 교회가
오래된 나무가 거꾸로 서고
헬리콥터가 거꾸로 하늘을 가로 지른다
바깥세상의 바람까지 머리를 뉘여도
물속에선 모두가 모래 탑이다

머리맡에서 이쁜이 비누 향내가 났다
손톱 밑에 양은 때가 묻어나왔다
새로 산 슬리퍼 한 짝이 둥둥 떠내려갔다

듣도 보도 못한 새들이 눈과 귀를 홀리며 말을 걸었다
노래는 깊은 물속으로 헤엄쳐 물고기 귀를 흔들어댔다
흔들린 귀가 지느러미를 펴고 비늘을 닦았다

비늘을 세우며 물고기 날았다
물길을 거슬러 떼로 날았다

눈이 부시게 쏟아지는 햇살 때문이라도
서로에게 은하수가 된 듯 빛나는 길을 냈다
빛이 빛을 더 했다
금빛으로 풀어놓은 붉은 노을이 바쁜 물살을 따라 흘러갔다

비밀

눈은
선혈이 낭자한 핏자국의 비밀을 덮고 또 덮었다

인적이 드문
누군가도 모르게
캄캄한 밤을 빌려 흔적들을 지워나갔다

함박만한 생각들이
산과 들을 덮고 길을 덮고
도시를 덮었다
바람소리까지 켜켜이 덮인 눈 사이에 누웠다
쌓인 눈 속의 비밀들이 엉겨 붙었다

가슴에 구멍이 났다

구멍 난 가슴으로 숨어든
눈은 하얗게 머리를 잠재우고
차가운 바람은
바람 든 육신을 밀고 당기며 뒤 흔들며
손끝 발끝까지 온 삭신을 가만두지 않았다

잠을 자고 있어도 꿈은 깨어 있었고

앉아 있어도 꿈을 꾸는 듯 했다
피가 끓고 몸은 뜨거워졌다

열병을 앓았다

겨울 한 모퉁이 길 위에서
흉터 없이 생긴 상처는 나를 더욱 단련시켰다
뽀드득 뽀드득 악보 위에 봄을 위한 내 노래가 시작되었음을

함께 노래해 줄 새들은 어디에서 나를 바라보고 있는가

김장

흰 눈 같은 주먹소금 설설 뿌려져
뻗대며 기고만장턴 내 성깔이
부드러운 게 좋은 거라며
조금씩 죽어가

호호 불며 둘러앉은 여자들 입심에
진즉부터 멱을 잡힌 내 몸뚱이
시린 물에 뽀득뽀득 씻길 때마다
물빛 도는 곳 살얼음이 엎어진다

사랑은
시작이다
시뻘건 욕정으로 온 몸을 칠갑하고
다소곳이 항아리 속으로 몸을 던지면
주먹소금 그 위로 설설 다시 뿌려져
숨을 죽인다
더러는 홧김에 피같은 눈물
항아리 위로 쏟아낼까 몰라

군둥내로 항아리를 비워낼 때까지
톡톡 쏘는 단맛도 보여주고
쓴맛 신맛도 익혀 줄거야
사랑, 그 좋은 사랑을 위한
다른 모습이어도 사랑이야

물의 환기 외 4편

김효순

가을비가 그립게도 내린다.
설산을 녹인 물
어머니의 강 갠지스로부터
우주를 한 바퀴 둘러와 내린다
나의 시냇물은
강바닥 여울살이 거치며
소리로 태어나기도 하며
바람에 스친
비늘살 거치며
은빛깔로 태어나기도 한다.
소리도 빛깔도 없이 태어나
눈으로
얼음으로
장맛비로
주전자의 뜨거운 입김으로
많은 이름을 지니기도 했건만
정작 나의 이름은
한 음절 물
어둠이 따라오고
달이 따라와도
끝내
꽃이 되리라.

나로 인한 것들

저 나무 한 그루
숲속에 있어도
느껴지는 것이 있을까?
외로움
그리움
세상 속에 있어도
나는
늘 그렇다
풀잎 위에 이슬은
어느새 내 눈에 맺히기 시작한다.
사랑하던 것들아
너무나 많았던 것들아
아직도 부족한 것들아
나로 인해 만들어지는 동안
바람에 울리는 종소리
무심하게도 지나쳤다.
내안에서 나보다 더 커버린
너희들로 인해
중병을 앓고 있는 나
이젠
가벼이 살 일이
내 몫이다.

섬 엄마

신께서
왜
자식을 주셨는지
신은 위대하셨습니다.
엄마에게 저질렀던
모든 불효를
이렇게 고문당할 줄이야
저 하늘
흘러가는 구름을 바라보고서야
엄마가 왜
바다를 향하는
땅땅 언
강쯤에서
등신불이 되셔야만 했는지
알았습니다.
이쯤에서
엄마의 엄마를 생각했고
엄마의 자식을 보며
또 그 자식의 자식은
비켜 갈 수 없는
원죄가 있다는 것을 아셨을 겁니다.
섬이 된
엄마의 자리
엄마를 만나
실컷 울고 싶습니다.

쇠 울음

감화에서 감득까지
안으로 울음을 끌어 들여야
비로소
징의 울음소리가 된다.
그저 울어대기만 할
나이는 아니다
잉걸 볼에 달궈진 시우쇠
모루에 올려
정수리 쌍메질 당했건만
픗 울음 성근 울음
잡아내지 못하고
아직도 덜 삭혀진 소갈머리
절체절명의 비명 덩어리인 채
까칠한 영혼이 운다.
벽면수행의 결
언제나
가득 담길 수 있을까
풀무질만 하고 있는
나는…….

빗소리는 비의 소리가 아니다

귀뚜라미 우는데
빗방울 떨어지고
나는 마루 끝에 걸터앉아
초라한 빗소리를 듣는다.
비는
이 소리가 제소리가 아니란다.
지붕에 부딪히는 소리이고
땅에 닿는 소리이고
우산에 부딪히는 소리란다
진정 소리 없이
왔다 가고 싶었단다.
세상엔 기다리는 이도 있고
기다리지 않는 이도 있다기에
힘들지만 왔다고…….
그랬구나.
길바닥을 기어
구정물도 되어보고
바람 앞에 휘둘려도 보고
천둥번개 속에 악도 질러보고
강물도 되어보고
바다까지 가 보아라
삶이란
그러다가
무지개가 보이더라
나도 그랬다
빗소리는 비의 소리가 아니다

아름다운 5월에 외 2편

박지연

꽃보다 어여쁜 잎을
이제야 눈에 띄이다니
내 눈물의 설음을 본다

바람을 좋아하던 그도
이 5월 스치는 바람에
추억 하나 건질까

꽃이 진 자리에
소리없이 짙어가는 윤나는 잎새들
시인의 사랑이 다시 반짝인다

꽃지면 모든 것이 끝이라
눈물 짓던
지난 날

꽃보다 아름다운 연두빛 5월의 잎새들
시간의 흔적을
더 짙게 한다

꽃샘추위로 오갈 데 없이
여기저기 흩날리던 영혼이

다시 태어나 나의 가슴에 포근히 안기는 잎새들

꽃보다 잎이 저리 예쁜 5월의 봄날에
눈물 고이던 내 눈에 그 빛 담아 둬야지
사랑의 노래도 목청껏 불러 봐야지

창작노트

북유럽은 우리보다 봄이 늦게 옵니다. 그래서 T.S엘리엇은 '잔인한 4월' 이라하여 이 4월이 지나야 하인리히 하이네의 '아름다운 5월이 다가옵니다.
몇년 선 사상을 여의고 실의에 빠져 죄인된 몸으로 하늘을 우러러 볼 수 없어 몇 년을 땅만 바라보고 살았습니다.
그런 나에게 조석으로 문인들이 사랑의 시와 메시지 보내며 염려로 보살펴 주었습니다.
4월에 꽃들이 여기저기 우리 정원 공원에는 만발합니다. 그래도 집안에서 창너머 꽃을 보기 일쑤였고 꽃샘추위로 몇 번의 비바람에 지는 처량한 모습으로 우울했습니다.
그러나 5월 이오면서 미처 피지 못한 꽃봉오리에 사랑의 싹이 트듯 꽃진 자리에 피는 연두빛 어린 잎은 가슴을 뛰게 했습니다.
슈만의 연가곡 '시인의 사랑' 이라도 부르지 않을 수 없었습니다. 2013. 5. 15

해빙기

황량한 시베리아 겨울벌판
백색으로 얼어버린 바이칼호
깊은 오므르에 기댄 쉽다 지친 영혼

꽃샘이 추위로 오기 전 파고든 햇살
들리듯 말듯 다가선 포근한 깃발 따라
해빙기 맞을 때

영감이 눈 뜨고
빛난 눈망울 꽃눈으로 부풀어
애절한 시, 환한 꿈으로 여물고 벅차던 환희

숲속 새소리 귀에 머물고
생명력 넘친 사랑의 선율 율동할 때
내 마음 마른 나무 수액에 흠뻑 젖던 해빙시대

매화꽃 향기 짙을 무렵
바람 부는 날의 애수 구름으로 떠돌다
때로 물안개 덮일 때

나를 만날 화해의 여행을 떠난다
초록 물결 일렁이는 아직 꿈꿔도 될 시간
침묵을 깨 귀 기울이는 청량한 소리

*오므르_ 바이칼호에 서식어종

세모歲暮의 날에

지난 따뜻한 겨울
내 가슴에 켜 둔 환희의 촛불
꿈처럼 다가 온 나날
가난한 영혼을 받친 시간을 헤아립니다

달빛에 물든 바람의 속삭임
귀에 가득하고
은빛 반짝이는 추억
가슴 적십니다

햇살 가득한
겨울날의 미소가
더 그리운
한 해의 마지막 날

못 다한 아쉬운 이야기
보물 상자 포근히 안겨 오네
눈부실 새날의 꿈
붉은 빛 카펫 밟을
세모歲暮의 날 정중히 맞습니다

그리움의 자리 외 4편

방 지 원

긴 모퉁이 햇살 빙그르 고궁 담장을 돌면
팔짱낀 그림자도 따라 들썩인다
시린 기억의 어디쯤을 더듬을 땐
명치끝이 저릿저릿 혼미해지고

바람의 발자국을 기억하는 돌담은
올해 유난히 긴 사순절을 지내며
거역할 수 없는 잔을 나누어 마셨는지
빗장을 걸고 두터운 침묵 중
그래도 안쪽엔 겨우내 몸을 버틴
노루귀꽃 피었다는 소식이 있어
담장에 작은 구멍 하나 뚫는다
곧 떼데움이 울릴 것 같아
커다란 귀도 걸어놓는다

봄볕 한나절 쏟아지고
용포자락 다급히 휘감는 소리
수난의 발자국소리들만 우우
해마다 색이 바래는 그리움의 자리

*떼데움_ 라틴어 사은찬미가, 부활절에 많이 부름.

대지大地

그녀는 중증 유방암
가슴께를 몽땅 도려냈다
자식 넷 먹여 살린 기름진 땅을 파헤치던 날
세상의 모든 빛과 소리가 한꺼번에 멈췄다
깊숙한 곳에 자리 잡은
흉측한 숭어리들 잘려나갈 때
당당하던 여인도 함께 도둑맞은, 느닷없는 오후
탄탄하던 분홍빛 옥토에 레퀴엠을 바친다

다시 눈떠본 세상
바람 섬뜩한 웅덩이 하나 파르르 떨린다
품에 안으면 모든 것이 해결되던 때가 있었지
아이도 남편도 보채던 울음을 그쳤어
깊숙한 심지를 태워 활활
불을 뿜던 분화구에 서늘한 빗물이 고인다
영토를 잃어버린 바오밥 나무들 갈팡질팡

도려냄도 내려놓음의 하나인가
유난히 별들 많이 쏟아지는 날
텅 빈 무덤 저릿저릿 끌어안는다

높이 나는 새

창공을 높이 날 때 새의 발은 겸손하다
먼 비행을 위해 발과 날개를 한꺼번에 활짝 펴지는 않는다
늘 마음 한 자락을 개켜 기도를 바친다

우주를 가로질러 거칠 것 없는
허허로운 질서 속의 무리들
그 무리 속에서 이탈할 수 없는 연약한 날갯죽지
춤을 추듯 보이지만 칭찬을 보내는 것은 잔인하다
살만한 것이라던 세상이
멀리 보아야 비로소 아름다운 것도
머나먼 지상에 아직 착지하기 전이기 때문이다
태양을 따라 돌며 허물을 벗어 날려 보냈던
모두를 발아래 두었던 시간
그 시간의 뒤쪽엔
큰 나무 큰 강만 있는 줄 알았다
그것도 잠깐이었다
갑자기 땅으로 내려 행여 마른 목을 축이려다
가느다란 다리로 눈밭을 겅중거리며
부리를 부벼 구애를 준비하는 자신의 실루엣을 본다
드디어 물에 비친 자신의 큰 그림자를 본다.

선풍기

우리는 곧잘 어긋나기도 했지
서로 다른 회로가 우왕좌왕 부딪쳤어

바람의 근원은 바로 거기
자신의 오장육부를 몽땅 드러낸 채
강하게 구석으로 몰아세웠어
숨 막히는 절정
주춤주춤 길들여지는 나른함
그의 바람은 한 없이 넓고 푸근했어
그 회오리를 하늘까지 끌어올리고 싶어 하는 그를 좋아해

어느 싱그러운 체취가 흠쾌하게 흐르는 날
점점 느슨해지는 그에게 맞서기로 했어
아주 이별을 고하진 않았지만
다시 만나기를 약속하지도 않았어
가슴이 없는 그는 이명증도 심해서, 그냥
잉카의 그들처럼 잉카의 노래를 부르며
우리는 손을 놓으려고 해.

폐쇄회로와의 동거

노숙자 K는 얼마간의 돈이 있다. 큰 박스 한 장이면 어느 곳이든 잠들기에 충분하지만 지갑이 문제다. 목숨 같은 돈, 지키기가 더 어려워 파출소 마당 한 구석 폐쇄회로 카메라 밑에서 잠을 잔다.

아무도 못 믿는 세상. 어디서 얼마를 버는지. 가끔 달빛이 그의 지갑을 몰래 더듬지만 카메라는 말을 참는다. 자다가도 몇 번 지갑을 확인하는 그의 얼굴이 미소를 띤다. 천금 같은 내 몸을 문밖에 뉘일 때부터 내력을 모두 아는 달빛은 그의 곁을 떠날 수가 없다. 가끔 카메라를 향해 원망과 분노의 주먹을 올려보지만, 말을 못해 멸망한 마지막 빙하기의 인간처럼 허우적거릴 뿐이다. 카메라는 밤새 눈이 충혈 되고 머리가 아프다. 질서와 무질서가 뒤죽박죽인 마당에서 맞는 고마운 새아침. 자리를 개켜야할 시간.

* 마지막 빙하기 때(삼만 년 전) 사라진 인간, 네안다르타르 족이 멸망한 이유(가설).
1. 눈이 매우 커서 에너지 소모가 많았음.
2. 바느질을 못해 얼어 죽음.
3. 입천장이 평평해 말을 못해 소통불가.

정형외과 병실에서 1 외 1편

변길섭

잘 팔아 봐야 입원비도 되지 않은
소 여물 주러 갔다가 벌러덩 나자빠진
고추바람에 별 무수히 쏟아지던 날 아침
하늘이 그렇게 노란 건 팔십 평생 처음이라
아주 누울 자리인가 싶어
뵈는 게 하나도 없었더라네

엉덩이뼈도 아니고 왼쪽 팔꿈치쯤이야
수술 잘 되었으니 옷 입히시라
윗옷 한 벌 시망스럽게[1] 던져 놓고는
간호사 선생 매초롬하게[2] 나가버렸어
털 빠진 늙은 나귀 껍질 같은 담요 한 장 걷어내니
노인네의 쪼글쪼글한 시간들이
얼기설기 노구老軀를 얽어매고
5남매가 다 빨고 난
단물 쏙 빠진 흑갈색 오디 두 알
질긴 생의 껍데기가 한스럽게 붙들고 있더라고
오물오물 젖 빨며
한 손으로 더듬어 쥐었을 덜퍽진[3] 가슴
자리에는
횡대로 정렬한 갈비뼈의 골이
외로움만큼 깊었지

자석덜 고상시킬라고 기엉코 일………
되뇌는 소리 저승에서 들리는 듯싶데 그려

해질머리 창문에 걸린 노을이 하도 고와
돌아다보니, 그런데 그게 말일세
주름뿐인 얼굴에 뜬금없이 홍조紅潮가 넘쳐나지 않겠나
홍조가

1)시망스럽게_ 몹시 짓궂게
2)매초롬하게_ 젊고 건강하여 아름다운 태가 있게
3)덜퍽진_ 푸지고 탐스러운

정형외과 병동에서 2

배냇냄새 갓 사라진
옴포동이[1] 여자아이
제 몸보다 몇 갑절 된 듯한
옆 병상에 들어
뭐 하러 온지도 모른 채
샛별눈으로 팔닥팔닥 좋기만 하단다

내 생각이 틀리지 않다면
아마 너는 천체망원경으로도 당겨지지 않은 한 오백 광년 쯤 먼 거리의 별에서 합지증 발가락으로 태어나, 공주였지만 나라 망할 징조라 하여 왕후의 눈물 가슴에 담고 다른 별로 내쳐졌을 게고, 그 별에선 방아쇠수지가 왕을 죽인다 하여 망각의 곬에 버려져 합지증도 방아쇠수지도 망하고 죽이는 일 없는 이 별에 내릴 수밖에 없었을 거야

비삭치기도 하고 풀잎피리도 불며
천사의 날개 지치도록 날고 또 나는 동안
예리한 칼날
오른 쪽 엄지 검지 발가락
발샅[2] 능숙하게 갈라놓고
왼손 범아귀에 병든 근육 긁어내면
외계인이 아닐 터

이 말은 정말 틀리지 않는 말인데
두 별을 거치는 동안 공기놀이 고무줄놀이 다 사라지고 네 미래보다 더 무거운 책가방이 여린 어깨 짓눌러 뿌리 내리기 여간 녹녹지 않은, 깐쪽이며[3] 말 바꾸기가 식은 죽 먹기보다 쉬운 이별에서 네 목소리가, 눈동자가 성하게 남을까 싶은데

이게 무슨 일이냐
창문에 햇살 들더니
수술 마치고
돌아 온 네 얼굴에
마른 무지개가 뜨는구나

1) 옴포동이_ 어린애가 살이 올라 오목오목하고 포동포동한 상태
2) 발샅_ 발가락 사이
3) 깐쪽이며_ 쓸데없는 말을 수다스럽고 밉살스럽게 지껄이며 질기둥이처럼 짓궂게 이죽거리며

칸나 외 4편

나는 너의 이름을
쉬이 부를 수가 없구나, 정열에 치여서
내, 불타는 남국으로 걸어가지 않고도
여름 태양이 낯선 거리에 피워낸 정열의 무희
춤추는 너를 여기에서 만난 건 행복의 시작이었지
어쩌자고 이역만리 머나먼 길을 달려와
여기 길가에서 태양을 뜯어 먹고 ,바람을 갉아 먹고
조용하게 흔들리며 남국의 꿈을 꾸고 있는가
굳은 심지로 차가운 대지를 딛고 일어선
그래서 남국을 향한 뜨거운 태양이 그리움인지
첫사랑 비밀을 숨기고 아침을 끌고 오는 신부가 되었느냐
짱짱한 햇볕으로 머리 헹구고 옷매무새 고쳐 잡으며
살아서 뜨겁고 애달파 정열의 탱고를 추는 무희 같은
단 하루만, 살아 보았으면 좋을 여인 같은 꽃
지독한 결심으로 실루엣 같은 한 계절을 열어놓고
자동차들과 나 같은 사람들과 바람의 풍경을 바라보며
따듯한 기억을 지워가는 너
차마 네 이름을 부를 수가 없구나
가만히 물러서며 행복의 종말을 지켜볼 수밖에
나는 너에 대한 이방인이니까,

꽃무릇

다문다문 흩쳐 떨어뜨린 별들의 눈물
이슬로 씻어 낸 대지에 하늘 닿지 못한 꽃무릇이
사랑도 원망인양 붉은 정이 깊어 수줍다

묻을 때 너무 깊게 묻지 말라던
꽃집 아주머니의 말이 생각나 이말 무지로 심어 놓은 구근에서
햇살로 두르고 나보다 먼저와 옷을 벗는 사랑 빛

내 기억이 틀리지 않았다면
영원할 것 같은 사랑도 아주 짧은 순간이기에
몰락의 순간이 더 아름답게 빛난다고 하던가

꽃은 뿌리보다 간절한 기도로
땅의 비밀스런 전설을 이파리에 조금조금 남겨두고
해마다 가슴 벅차도록 기다리는 것은

못 이루는 사랑이 밀어 올린 붉은 파동
지상으로 펴 올렸던 젊은 시간들이 시들며
이승의 접경에 세운 불꽃이었구나, 불꽃이었구나!

사라지는 것들은

언제부턴가 집들이 사라져갔다
세월의 등 뒤에서 누렇게 익은 햇살을 따라가다
골목의 끝에서 그만 놓쳐 버린 흔적
가족들이 빠져 나간 헛헛한 마당엔 잡초가 가득 하다
마루에 걸린 낡은 사진이
무너져 버린 몇 개의 세월을 거미줄과 도란도란 이야기 하는
그 마을에 잘름잘름 가을이 젖어들면
무너져가는 돌담에 늙은 호박이
삶의 추임새처럼 골목을 기웃거리고
노을 비낀 햇살이 풋감을 말갛게 익혀가는 중일 것이다
홍시 떨어지던 뒤란 장독대 옆 서광꽃이
잃어버린 주인의 채취인양 부엌을 배회하고
연기의 기억조차 지워버린 굴뚝엔 굴뚝새가 둥지를 틀고
이소를 준비하는 새끼를 기르는 동안
낡은 지붕엔 박꽃이 을씨년스럽게 달맞이 하고나면
저 집도 곧 사라질 것이다
무엇이 저 집을 사라지게 할 것인가
살다간 사람들이 부칠 수 없는 편지를 쓰는 동안
낮달 뜨는 마을에
황혼이 지긋이 두 다리를 담그고 있었다

별에게 가는 길

1
어느 시절엔들 가난의 역사가 없으랴마는
익어가는 가을볕 아래 처연한 산마을
먹을 것이 없어서 가난한 것이 아니라 사람이 없어 가난하다
가난한 바람은 마른 풀꽃을 흔들며 가고
나는 마른 풀꽃의 외로운 울음소리를 듣는 데
네 울음 끝을 한 무리의 철새가 지운다

2
마을에 어둠이 깃드는 것은 경계가 없어서일 것이다
어둠이 싫은 사람들이 울타리를 높게 만들지만 허사일게다
그들의 지붕 꼭대기는 항상 열려 있으니
이 밋밋한 풍경 지우려 술 한 잔 하고
집으로 돌아가는 길
별은 얼마나 먼 곳에서 오는지 낮달의 뒤를 따라오고

3
처음엔 별이 희미하게 보이다가
어둠이 마을을 삼키고 나면 수줍은 듯 하늘창이 열리고
까닭 없이 강물에 속살거리는 물비늘 몇 조각이 가슴에 닿곤 했다
반짝이는 별빛 품 안에 가두며
서둘러 귀가하는 것은 뜻 없는 거리로부터 탈출
사부작사부작 그리움이 묻어나는 밤의 눈물 닦으며
울음 끝 찾다가 창문을 열면 별에게 가는 길이 훤하다

사삼화沙蔘花(더덕꽃)

조금만 시간을 주세요, 산골에 얽힌 사연 화장으로 감출 때까지
뭐라고, 넌 꽃이니까 감출 것도 없잖아! 작년 봄 뒷골자기에서
캐온 온 사삼沙蔘 한 뿌리, 벽 옆 스티로폼 상자에 잊은 듯이 묻어 놓았다

비가 오고 바람이 하얗게 부서지는 아침, 오고 싶어 왔을까
고요를 깨뜨리고 울려 퍼지는 평화의 종소리, 생의 내면이 가파를 때
줄기는 무엇을 했으며 향기는 어디에서 생겨나는가, 모두들 생각할
시간이 좀 더 필요하겠지

온통 흑과 백으로 나뉜 사방천지, 거친 인연의 매듭을
향기로 씻어내며 맑은 눈으로 피사체를 읽게 한 속정 깊은 아침
간밤에 얽힌 사연 늙은 바람에게 신겨 보내고 난 뒤 새바람 불어오는 이 때
향기는 뿌리의 힘을 빌려 작은 방울 속에 흩어진 소리들을 모아모아
회친의 덩굴손을 내밀겠지,

속 좁은 인간들이 평화에 대해 다 뜯어 먹히고, 가벼워진 향기도
바람이 닿지 않으면 무용지물, 툭 건드린 벽의 그늘 앞에 자줏빛 피를 헹구어
하얀 영혼을 바친다, 그랬을 거야,
네 품속에서 평화에 대한 견해를 피력하며
종소리의 파장이 벽에 막혀서 감아 오르고, 피는 일만이 살길이라고,

어머니가 사는 법 외 2편

손순자

무료 폐렴 예방접종 한다기에
어머니 모시고 보건소에 가서
앙상한 어깨 들춰내어 주사를 맞았다

다음은 기억력 알아보기
사시는 곳이 어디냐고 묻자
경기도에 사신지 수 십년 인데
"여 강원도 아니야요?" 하신다

오각형 겹친 것 그려 보라는 말에
연필을 쥔 손이 파르르 떨린다
한 번도 연필을 잡아 본 적이 없는 어머니

젊은 날엔 7남매 생일,
그 많은 제삿날도 모두 기억 하시고
지금도 전화기 너머 아들, 딸, 손주 목소리
모두 알아들으시는 어머니는

어머니 사는 곳!
거기가 어디인지,
오각형 그리는 일 따위는
하나도 중요하지 않다.

무작정 눈물이 날 때가 있습니다

문득 하늘을 올려다 본 날
구름비늘 이 너무나 눈부셔
무작정 눈물이 날 때 가 있습니다

수 없이 뱉어 내는
상처의 말 이
서릿발 같은 위엄 때문이 아닙니다

함께 있으면 시간이 달콤한 음악처럼 흐르고
순간의 욕망에 흔들리지 않고
순수하게 바라 볼 수 있는 그대

그 빛나는 순간들이
그저,
사랑이 아니어도

한 말 도 잊은 채
그 어깨에 머리를 기대고 싶은 날
무작정 눈물이 날 때가 있습니다.

트레비 분수

로마로 이동하는 관광버스 안에서
영화 '로마의 휴일' 을 보았다
세월이 흘러도 변함없이 보존되어 있는
젊은 날의 '오드리 헵번'
그녀의 사랑스런 모습에 푹 빠졌던 어젯밤

영화속 한 장면을 떠 올리며
트레비 분수를 등지고 서서
동전 한 개를 오른손에 쥐고
왼쪽 어깨 위로 힘껏 던졌다
로마에 다시 올 수 있기를 기원하는
해맑은 딸의 소망이 물보라로 넘쳐난다

호호호, 깔깔깔,
젤라또 아이스 크림 을 먹으며
얼굴색 다른 사람들로 로마는 포동포동 살찌고
내 수첩에서도
'딸과 함께 떠나는 서유럽 여행'
버킷 리스트Bucket List 목록 하나가 지워졌다

열무 외 2편

오랜 투석-
고관절 수술
어둔한 걸음 -이나
능숙하게 산길 오르시며
머리 어깨 손 발바닥 실핏줄까지
이기지도 못할 무게를 짊어지고
일흔도 훨씬 넘은 노장정은
새벽잠에 연한 이슬 일받는다

오른 길 되짚어
물기담은 열무 한 자닥 뽑고
등산로 밭가로 심은
막내 손녀 닮은 애호박도 따고
내려와
선채로 택배에 전화 하신다

저녁때 받은 상자 속엔 아버지 마음 가득하고

'어휴, 많이도 보냈네.'
'이걸 언제 다 다듬노, 영감도 참.'
'당신 몸이나 생각지……,'
그 밤 다하도록 다듬어 열무김치 담았더니

식사 때마다 아버지 다녀가신다

4남매
식사 때마다 다닐라믄
울 '인호' 씨
참 바쁘시겠네.

어느 날

더 이상 필요한 것이 없었던 것으로 기억한다. 소중하게 관리하던 어머니의 장독대처럼
원하는 만큼의 바람과 햇살이 망사덮개 사이를 장난치며 드나들었고, 지쳐 쓰러진 잎사귀들의
쉼터이기도 했었다.

파라락, 심장 소리가 빠르게 넘어가고- 지금까지의 모든 것은 무효라고 선언하듯
빈 충전지에 푸른 불이 깜박거리고, 절연체가 아님에 속수무책으로 내맡겨져 내부의
솜털까지 까실까실 귀를 열고 일어서고 있었다.

도망쳤다
쓰러지고 피 흘리면서도 달아났지만, 숨길 수도 숨을 수도 없는 사실만 확인되어 질뿐
들숨과 날숨이 시치로 여겨져 기진한 내게 아득한 합포주환合浦珠環으로 시살詩殺이
마법처럼 관통한 날
나는
열려있었던가

아직도 열려있는가 나는

돌

어머니 살아오신 사연 겹겹이
한 많은 탑돌 되고
이슬 맞으며 떠 놓던 정한수에
불꿈 정갈하게 그려놓고
한평생 치성 드리던 옹기 그릇 물 보다
많은
어머니 눈물로
나는 날마다
단단한 돌이 되길 기도했다

푸른빛 감도는 투명한 돌이 되어
어머니 손길 닿은 곳 마다
기도가 서려 돌 꽃으로 피고
잎새마다 기원 담아 돌탑에 둘러
다독다독 다져진 푸른 염원
곱게 싸 소지로 올렸다

나는
몰래
탑돌 하나 내려놓고
뜬눈으로 뒤척이다
새벽이슬 영글기 전
정성들이시던 어머니 모습이
화석으로 박혀
나이 들수록 깊어지는
돌탑이 된다

칼갈이 외 2편

신동명

평생 갈지 않아도 된다는
고강도 장미칼이 나온 디지털 세상에
개도 안 물어갈 케케묵은 아날로그 호객

"칼 가시오, 칼
칼이나 가위를 가세요, 무엇이든 갈아 드립니다
새(쇠)칼도 팝니다."
온 동네 들썩토록 요란스런 확성기 소리

정결하게 씻어주는 물로
무엇이든 잘 자르게 칼을 갈아준다니

설마, 이 풍진 세상에
님몰래 지은 죄익과
내밀하게 품었던 음모까지
길로 물 베듯 흔적 없이 사라지게 해준다는 건지

낮말을 듣던 새가 귀를 쫑긋거리는 대낮이다.

영흥도 소사나무

영흥도 십리포 해수욕장에서
섬뜩하고 기괴한 소사나무 떼를 만났다
짝짝 갈라진 새카만 살갗
휘고 굽은 뒤틀린 가질 산발처럼 늘어뜨린

꽃으로 태어나지 못한 형벌 낙인 찍혀
한 평생 거친 바닷바람 앞에
방풍림으로 살아가는 고된 신역

별들도 까무룩히 잠든 밤이면
'우두둑우두둑' 관절 꺾이는 소리,
천둥번개 치는 날이면
가슴 찢는 울부짖는 소리도 들리것다

하늘로 훨훨 날기 위한 꿈인들
왜 꾸지 않았을까마는
울력하나 철썩 같이 믿고
맨몸뚱이로 버텨온 고달픈 생애

제 몫의 삶은 제가 감당하며
살아가겠다는 살아가야한다는 바람의 숲
그 모습 하 장해, 다시 뒤돌아보니
일찍 기우는 엷은 겨울 햇빛이
마알갛게 차오른 눈물 찍어내고 있었다.

나무에게서 한 수 배우다

동트기 전 달그림자 밟고 걷는 오솔길
풀무치 사부작거림에 새벽잠 깼는가
어둠 밀어내고 금빛 날개 활짝 펴는 밝새

내 어깰 툭툭 치며 아는 척하는
활엽수와 침엽수, 덩굴나무들
바장이는 폼이 자기들을 알리고 싶은 거다

덩굴나무가 친친 감고 어리광 부려도
귀찮다 않고 받아 주는 키 큰 나무
큰 나무에 가려져도
불평 한마디 없이
바람 불면 제 신명에 춤추는 작은 나무들
서로서로 보듬어주며
제 생긴 대로 분수껏 살아가는

갖고도 더 갖고 싶어 앙앙불락하는
미련한 족속 있어 한심타하기에
주위를 둘러보니 아무도 없다

나 밖에는—.

원시인 외 4편

신호현

학창시절에도
제대로 갖지 못했던
아이들이 붙여준
나의 별명

원시의 사람原始人
원래부터 시인인 사람原詩人
으뜸 가는 시인元詩人

원시의 먼 나라
타임머신 타고 내려와
안경도 써보고
양복도 입어보니
아무도 모르는 나만의 비밀

그리운 나라
원시 세계로 가는 날까지
낮엔 현대 아이들 가르치고
밤엔 타임머신 고치며
원시 이야기 시로 쓰다가

타임머신 다 고치는 날에
안경 벗어 두고
양복 벗어 두고
원시 세계로 돌아가리라

시로 그린 그림

내 인생에
그리고 싶은 그림이 하나 있다

이젤과 하이얀 캔버스
그 위에 그려지는 내 인생의 그림

언덕이 있고
푸른 초장이 펼쳐져 있고
하늘엔 붉은 태양이 이글거리는 그림

언덕에는
아이들에 둘러 싸인 내가
손끝으로 태양을 가리키는 그림

그 속에 나는
힘찬 청년이었다가
노년의 흐릿한 눈을 가졌으나
아이들은 변함이 없는 그림

내 인생에 그런
그림 하나를 그리고 싶었다

거리

너와 나 사이에는
언제나 그만큼의 거리가 있다.
가로등과 가로등 사이 만큼이거나
전봇대와 전봇대 사이 만큼이거나

태어날 때부터 운명이 정해진 것들은
그 거리를 서로 인정하고 용서한다
그래서 나무들은 싸우지 않는다
작은 햇빛도 나누며 살아간다

하지만 발 달린 족속들은
그 거리를 알면서도 때론 잊는다
가까이 다가갔다가는 상처를 입고
멀어졌다가도 그리움에 흐느낀다

영원할 것 같은 연인이거나
숙명이 그려준 가족일지라도
저마다의 가슴 속에서 흔들리는
섬과 섬 사이의 거리가 있다

땅따먹기 하듯 경계를 긋고
오줌을 싸서 영역 표기해 놓고
외로움 잔뜩 가두고는 살아간다
마치 전쟁터에 고독한 영웅처럼

단종나무

나무 중에
가장 어린 나무
가장 억울한 나무

맘껏 가지 한 번 뻗지 못하고
어여쁜 꽃도 피우지 못하고
열매 맺지 못한 나무

가진 것 다 빼앗기고
살아서 누리지 못한 세상
죽어서 비로소 왕이 된 나무

흐르는 강물 거슬러
사내 등에 업혀 이룬 장릉
만고의 민초들 숨죽여 오르고

피멍은 사육신 소나무
충신의 예 못다한 채 절하며
부끄런 하늘만 가득 가리네

에고야, 살며 억울함이
영월 단종나무뿐이겠냐만
이보다 더한 아픔이 또 있으랴

하늘을 나는 평창
- 2018 평창올림픽 유치

우리는 해낼 것입니다
기필코 해내고야 말겠습니다
그리고 해내고야 말았습니다

두 번 실망스러운 결과 얻었지만
여러분의 말씀에 귀 기울였고
실수를 통해 교훈을 얻었습니다

피겨 여왕의 진심어린 꿈
피티 여왕의 명료한 자신감
한국계 토비도슨의 감동 스토리

아아! 더반의 영광이여
끈기와 인내 그리고 헌신과 존엄
대한민국이 다시 뜨거워집니다

그래, 이제 다시 시작입니다
세계를 향한 호랑이 울음소리
두리둥실 푸른 하늘 날아오릅니다

감자바위 우뚝 솟는 붉은 힘
역사 이래 가장 아름다운 꽃을 피울

2018 평창 동계올림픽, 패럴림픽이여

손 모아 '새로운 지평' 을 여니
대한민국의 새로운 도전이라 꿈이라
세계 만민의 평창 설원 축제가 되리라

동백 외 4편

양 회 올

저리도 붉디 붉게
저리도 뜨겁게
저리도 간절하게

질때
질 줄 아는
천상의 꽃이여

어느 정절의 한이

저토록
붉은 심장을 꺼내 놓고

저토록
뜨겁게 불을 지펴

저 토록
간절하게 기다리는
영혼의 꽃이여 촛불이여.

거울

하루 종일
가로수 사이로
물들어 가는 계절

슬그머니
가위로 오려낸
그리움

한 닢
두 닢

가슴에
차곡 차곡
쌓이 고요

내 먼 시선
그너머 하이얀
양 떼 한무리

금방
무언가 될성 부르다

금방
무너지고 마는
나의 꿈아

노을

누가
저리

갈매봉 너머
해송 우거진
숲을 지나

굽이 굽이
고개 너머

뉘엿 뉘엿
저무는 산비탈에

아! 반 평생
내 쓰디쓴 시름

잘디 잘게
썰고 썰어

붉디 붉게
물들여 놓았는가

회색 빛 도시의 일상

이른 아침

집 앞 전봇대에
잽싸게 광고지를 붙이고
지나가 버린 여인의
뒤를 이어

길가던 한 사내가
광고지를 물끄럼히
바라보다 그냥
지나가 버렸다

그 뒤를 이어
구청 직원이 일용직 아저씨와 함께
물 적신 솔로
광고지를 뜯어 내버리고

깨끗해진 전주를
찰카닥 사진기로
찍고 사라져 버린 뒷 모습

아! 한 장에 광고지

참 많은 시간을 힘겨웁게
삶에 묻혀 살아간다

예사롭지 않은 우리의 일상 속에
광고지는 내일도 모레도
거기 그냥 붙쳐질 것이다.

내 고향 가을 동화

고추 잠자리
맴도는 마당
한 가운데

멍석 위엔
땡볕에 물오른
빨간 고추

해묵은
감나무 아랜

어깨 다정한
어머니 살림 밑천
오지 항아리들

아! 눈 감으면
아득히 떠오르는
내 고향 봉황

아직도
굴뚝내음 가시지 않는
내 고향 꿈아.

새만금을 내 품에 안으며 외 3편

윤효모

내 마음이 말을 하면
바다가 길을 안내한다.
무작정 달려도 넘어지지 않을
희망을 안겨준다.
뿌리 채 흔들려도 다시 하늘을 붙잡고
하얀 치아를 드러내는
저 늠름한 웃음.

세계 최장의 방조제 33km의
손목이 빛에 의해 반짝인다.
그 빛에서 걸어 나온 거울이
속내를 건져 올리면
뚝심으로 팔딱이고 있는
사내의 눈물이 깃발을 향해
푸르게 펄럭인다.

가자!
바다가 나인 것을 이제 알았으니
실눈을 크게 뜨고
두 손을 불끈 쥐고
너와 나, 하나의 날개 속에서
뜨겁게 사랑할 수 있다면.
새만금의 별 바다를
초록으로 천만년 들이키리.
새만금에서

사랑하나

달 속에 네가 있다.
왜 네가 있냐고 묻지 마라.

사랑하나
사랑하나
사랑하나 …

난 최초부터 너였고
넌 최초부터 나였으니까.

소나무에게

네게서 시詩가 태어나고 있다.
이 얼마나 행복한 고통을 잘금잘금 씹고 있느냐?
하늘을 반찬삼아 정갈한 몸짓으로
건강을 채웠고
그 풍성함으로 꽃들에게
새들에게
황금처럼 진한 사랑 하나씩
꺼내서 나눠줬으니,
네게서는 누님의 냄새가 진하게
배어있다.
내 누님은 네 속에서
거북이 등처럼
거친 바람을
단단하게 막아주었다.

네게서 단비가 내리고 있다.
갈라 비틀어진 가슴을 촉촉한 바늘로 꿰매줬으니
나도 널 위해 내 눈물 푸르게 바치련다.

야미도 사랑

새만금의 첫 동네 첫 섬에서
키 작은 소나무와 흰 구름 잡아 놓고
푸르게 곱씹던 가녀린 바람아,
넌 어릴 적에도 설레는 우리들의 꿈이었다.
팔랑거리던 햇살을 가슴 속에 심어두고
저 홀로 밀려갔다가 밀려 와도
욕심 없이 깨끗한 꿈들만
상자 안에 담아와
우리의 마음을 씻어주던 너,
무심코 꽃비 내리는 그 날,
무심코 바람 불 던 그날,
미치도록 첫눈 내리 던 그 날,
햇살 미끄러지는 그 날,
소주 한 잔이 그리워지는 그 날,
첫 사랑 소녀가 찾아 들던 그 날,
슬픈 종이 울려 맘을 말리고 싶던 그 날,
어머니의 품속이 아득히 멀어져간 그 날,
그날 들이
불현 듯 찾아 들 때
아프고 고운이야기들을 무겁게 들고
첫 섬, 첫 동네로 발길을 옮기면
하늘도 끌어안고 맘껏 이야기 들어주는

야미도
혀끝에 칼을 든 자도, 가난에 지친자도
돈에 둘려 쌓인 자도
누구든
목욕재계 해주는 너의 촉촉한 손길,
소풍가는 전 날처럼
설레는 사랑으로 거울 앞에 있게 해주는 너,
새벽에도 불끈 일어나
타오르는 태양을 끌어안게 해주는 너,
야미도 야미도는 끝없는 사랑이어라.

가을 날 외 2편

하나님!
이 애잔하고 쓸쓸한 가을 날
마음 둘 곳 없어
가랑잎처럼 서성이게 하지 마옵소서

바람이 좀 냉정해 졌다고
해가
찬 이슬방울 같은 노을을 떨구고 사라진다고
초조해 하지 않겠습니다.

푸른 잎 취한 듯 단풍 들고
과일이 스스로 때를 알아 붉게 익어가는 날
내 마음
성숙한 기도로 산그늘처럼 깊어지게 하시고

봄과 여름 가을
꽃 피고 잎 진 세월의 자리마다
상처가 아닌 풍성한 열매로
거룩한 부자가 되게 하옵소서.

이방인

내 안의 아픔은 상심의 꽃도 피우지 못하는가!

찬란한 봄소식을 뒤로하고 산사로 갔다
전쟁 같은 삶의 터전에서 혼탁해진 영혼은
고요의 모태에 몸을 누인다.

종잇장 같은 양심은 좀 더 경건해져야지
눈을 감으면 천지가 다 내 손 안에 있지만
눈을 반 쯤 뜨면 몰입의 문턱
천 길 무아의 강에 도달 할 수 있지

닭 우는 소리
개 짖는 소리
누군가 한 끼의 식사를 위해 칼질하는 소리
잠시 떠나온 속세의 맥락을 짚어보지만 소식은 묵묵부답

청정 햇살에 나를 말리며 생을 관조하고
부리를 묻고 잠든 새처럼 깃들고 싶다
하지만 명상의 시간도 버거운 중생, 다리에 쥐가 난다.

순간 들리는 풍경소리!
장난기 발동한 바람의 짓인가
갑자기 살 오른 청어 한 마리 구워 먹고 싶다는 불경스런 생각이 든다.

내일 첫차로 떠나야겠다.

*풍경: 사찰의 풍경은 물고기 모양을 하고 있다.

골 깊은 밤

자정이 훨씬 넘었다
쌓이는 눈 소리 없어 대지는 창백하다
마실 갔다가
손님으로 달고 온 감기는 안방을 독차지 했고
콜록콜록
겨울은 기침을 하다말고 어둠과 마주한다.

동백꽃 떨어져 기절한 듯 낙심하기
까치발 들고 걷는 귀신과 내통하기
체 게바라의 홀쭉한 가방에는
전장에서 필사한 시들이 현을 타고
아찔한 시의 행간은 혁명을 넘어 입춘을 꿈꾸는 밤

심라만싱의 환칭으로 팽배해진 불면의 여백은
풍랑으로 조난당한 思考의 밤 지나고 나면
굵직한 대나무 마디 하나 생기겠다.

하루살이의 성 외 3편

이삭빛

한 번도 미지의 성에 가보지 못한
여자는
세상에 살면서 세상을 등 진채
살아가는 여자는
한 번도 세상고기를 먹어보지 않은
여자는
눈을 맑게 뜨고
현실에 집중돼 있었다.

가진 것이라곤 돈,
가진 것이라곤 명예,
가진 것이라곤 성실
누구에게나 그럴싸하게 보였다.
누구에게나 집중돼 있었다.

여자가 가진 건
도도한 무게,
혹은 깊이 있는 우물이 바퀴처럼
돌때면 달들도 덩달아 돌고 있었다.
아니 해도 돌아가고 빛을 내었다.
여자에겐 돈이 생명이며
성실이 힘이었고
깨끗함이었다.

여자는 하루도 거른 적 없이
늘 발을 닦고
또 닦고
심장도 닦았다.
두 눈에서 빛도 나는 듯 했다.
아니 분명 빛났다.

그러던 어느 날,
태초에 여자가 출산을 하듯
자연으로 돌아가야 함을 알았을 때
세상 고기를 먹어버리고 말았다.
보지 말아야할 장면을 목격하고 말았다.

그리고
발가벗은 자신의 모습을 보았을 때
이미 처절하게 잉태해야 할
고통을 안은 채 에덴동산 안에서
성서의 성을 무너트리고 있었다.

천년의 사랑

하늘의 별똥별이
천년에 한 번 땅으로 내려온 날
그 별이 천만송이 꽃이 되어
이 세상에 피어날 때까지
너만을 사랑하고 싶다.

태초에 숨결이 멈추고
그 멈춤이 하늘에 닿을 때까지
너만을 그리며 사랑하고 싶다.

이 세상 모든 것이
어둠과 빛으로 사라지고
온전히 아픔으로 뒤 덮인다 해도
눈물 한 조각의 기도가
산이 되어 쌓일 때까지
널 지켜주고 싶다.

천년에 한 번 찾아온 사랑,
낙엽들이 잠에서 깨면
빛의 알몸을 휘감고
최초의 순정으로
너의 이야기를 담고 싶다.

그리고 한 장의 낙엽이
성숙한 열정으로 발효되면
별들의 축제 앞에
네 거친 발을 씻어주는
오직 너만의 사람이 되고 싶다.

오늘도 별이
꽃 한 송이 피우려
천 년에 한 번 내게 온 날
하늘에 소중한 것이 별이고
땅에 소중한 것이 꽃이라면
그 꽃이 천 만송이 될 때까지
너만을 사랑하고 싶다.
오직 너만을 위해
천년의 사랑으로 달리고 싶다.

약무호남, 시무국가
—조선무과

무자비한 왜군의 침략에
하늘도 갈라지고
땅도 피눈물을 흘렸던 임진왜란

그 속에서
조선을 지켜낸
불멸에 꺼지지 않을
꽃 같은 검으로
왜군과의 백병전을 승리로 이끈
최초의 전투

천추에 그 절개
어떠한 시련도 꺾이지 않을
민족의 힘찬 기상으로
푸른 목숨 초개와 같이 내던졌네

"전주성이 왜놈에게 유린되어 무너지면 국가도 위태로워 _무너지리라"했던
충무공의 얼을 본받아
조선의 심장 전주성을 지켜낸
지금 이 자리에서
붉은 무궁화로 활화산처럼 다시 _태어난

조선무과 무인들이여!

피를 토하며 죽어간
우리 무인들의 호국정신과 혼을 담아
조선무과 전주대회는
영원히 선포되리라
영원히 함께하리라

임진왜란의 국란 극복의
도화선이 되었던 전주무과
역사적인 한국문화인 무예를
태극기 높이 들고
푸른 언덕으로 힘차게
달려나가지

달

땅 아래에서 흘린 눈물이
달이 되었다.

달이 보낸 편지는
어제 밤 기도가 되었다.

오늘은 어떤 내용이
실려 있을까?

네 모든 게 내 속에 있는데
궁금하고 보고 싶다.

개마고원에 내리는 눈 외 4편

개마고원에는 아직도
포성을 타고 눈이 내리네
걸어서 건널 수 없는
장진호 백리길 눈이 내리네
관모봉에서 내리치는 칼바람이
회오리바람 일으키며 60년
자작나무 가지마다 걸어둔
뜨거운 가슴으로 눈이 내려도
장진호는 더 깊이 얼어만 가네
해가 지면 고요는 우주를 머금고
별들은 소리없는 침묵으로 우네
만주벌 달려오는 나팔소리, 꽹가리 소리, 따발총 소리
네이팜탄이 터지고
그래도 베이스 스탠포드 하사는 추잉껌을 씹으며
크리스마스 트리 아래서 에이브린에게 편지를 쓰고
아버지는 소달구지 끌고
유담리 하갈우리 고토리 지나 황초령 넘어
흥남까지는 또 125km, 걸어서 멀기도 하네
이깔나무에 붉은 빛이 감도는 아침
덕동고개에서 스티븐스 중령이 카투사 이갑수 일병의
손을 잡다가 중공군의 총탄을 맞고 울어버렸네
울음은 고운 눈으로 덮였네

무수단리와 풍계리에서 불어오는
거센 높새바람은
개마고원 넓은 벌 넘어
태백을 지나 거제까지 눈을 뿌리네
귀기울여 내리는 눈발마다 빗장을 열고
눈물을 모아 눈을 녹이면 개마고원 넘어 만주벌까지
그 눈길 트이겠지

순풍에 돛을 달고

북악이 큰물 내려
중학천 냇물 이루고
아직도 조선을 개국한 삼봉 선생이 나귀를 타고
한양 설계로 잠 못 드는 밤
천년의 바람이
별을 내리면
가슴으로 말하는 사람들 구름처럼 모여
인사동 강물 길 텄다
순풍에 돛을 달고 이 강물 건너자
물길마다 열리는 길을 따라
성황당 골목길에선 침묵을 일으켜 세우고
무너미골에서는 황도와 딸기, 소쿠리에 담아
너울성 파도 일면
장미 언덕에서 잠시 숨 고르고
출렁이는 돛을 달고 또 천년은
강을 건너 청계천으로
종각 포구에선 인경을 치며 목을 축이고
우리들은 손을 잡고 조금씩은 연인이 되자

무릉계곡

하늘이 익사하여 허우적이며
탈출할 수 없는 곳

가장 아름다운 것들이 모여
가장 아름다운 것들을 만들지 못하고
차라리 가장 아름답지 못한 거친 돌들이
가장 아름다운 것으로 탄생하는
무릉계곡

누구는 해인사 해우소에 가보라 했지만
하늘이며 바람이며 돌멩이까지
모두 와서 푸른 산으로 춤을 추며
무릉계곡의 해는 짧고
아직도 내가 찾는 무릉도원은 하늘에 멀다

평범한 것들이 모여
바람이 될 수 없는 바람을 만들어내고
평범하지 않은 것들은
시린 가슴을 열고 별을 만들고

맑은 물 깊이
줄달음치는 구름 잡으려
바람이 내려오면
무릉계곡으로 나마저 익사한다

유년의 우리 집

들길 건너 대덕산 밑으로
밤안개 밀려 와 봄눈 녹이는 그런 밤에는
짚가리 옆에서 술래잡기하는 누나들의 웃음소리가
등 너머 파도 소리보다 더 크게 들리는 우리 집

하루해가 저물어 모닥불 피워 모기를 쫓고
우리 형제들 오순도순 햇감자를 소반에 담아
별 하나 나 하나 별 둘 너 둘 별을 헤이며
안마당에 밤하늘을 풍성하게 담아내는 우리 집

뒷산 너머 울고 가는 기러기 그림자
봉당 위에 그리는 하얀 달밤에
귀뚜라미 소리 우수수 낙엽 떨구고
울안 가득 그리움이 넘치는 우리 집

섣달 그믐밤이면
화롯가에 둘러앉아 들창으로
별들을 불러들여 어둠을 밀어내고
방안 가득 풍년을 몰고 오는 우리 집

바람소리 따라 달빛 속으로 들어가면
언제나 늙으신 어머니가 맨발로
뛰어나와 내 손 잡아주시는
유년의 우리 집

조세이 탄광 수몰기념비

바람 한 점을 잡아
한 뼘의 하늘 열고
조센징 이름 하나 새기고
이름, 또 하나 새기고
조센징 136명 모두 새겨서
햇빛 한 줌 한 줌 잡아들여
한 땀 한 땀 가슴으로 엮어서
내고향으로 실려 보내고,

일본땅 야마구치현 니시카와 바닷가
1942년 2월 3일
조세이 해저탄광으로 밀어닥친 물 폭탄
아직도 천척의 바다는 어둠이어라
나는 조선의 무지랭이 애비였어유
콘크리트 두 구멍 올려 봐도
"빠가야로 조센징" 파도 소리에 묻히고
한 뼘의 하늘 깨고
차라리 천년 후 연꽃으로 솟아오를 씨를 뿌려라

* 1942년 2월 3일 일본 야마구치현 니시가와 바닷가,
해저탄광 수몰사고로 강제징용 조선인 광부 136명 몰살.
지금도 콘크리트 원통 2개는 하늘 향해 70년 견뎌오는
원혼들의 숨구멍.

날아오르는 불꽃이 가을인가 외 2편

장솔골(장수현)

여름 날 질기게 퍼붓던 폭우를 거머쥐고 산으로 올랐다. 숲길을 덮은 거친 가지를 헤치다 허리를 찔려 죽지를 접겠지. 비등점을 잃은 뜨겁던 칼끝이 뚝뚝 부러져 하늘로 치닫고 아무데나 찌르던 가시나무도 발을 뻗쳐 숲속에 주저앉는다. 나는 아주 서서히 저 멀리 숲을 녹이며 날아오르는 불꽃을 지켜본다. 남쪽 관악산을 덮은 열기는 서울의 도심에 진주하여 뿌리를 내린다. 그 꽃들은 바람을 불러 북한산까지 잠입한 그 현란함은 시력을 잃었다. 너는 그 불꽃에 뜨겁던 눈동자는 건너편 계곡으로 구불구불 계단을 타고 올라 한낮이 깊어 대지를 달구던 조갈난 빛은 땅속에 꼭꼭 밟아 묻고 어둠을 뚫는 새벽 햇살같이 잠들지 못하는 시간이란다. 말라가는 낚시터 못가에 찰박이던 물소리가 점점 아련해지고 깡통에 갇힌 카바이드의 애끓는 간다라 불빛처럼 소멸하는 경계선에 의도되지 않았던 여운처럼 날아오르렴. 산 능선 상큼한 바위로 타다 남은 견고함을 외면하고 가까이 오렴. 미저 보소리 태우시 못한 아쉬운 마음은 내려놓으렴. 지금 외면했던 미열처럼 겹겹이 타오르는 불꽃 시간이란다. 이 뜨거운 가을아!

희망이라는 꽃

붉게 절규하는 그대는
낡은 담장 한 켠에 몸을 떨구면
향기도 없고 흔적도 없지만
어둠 속의 별빛으로 빛난다
사라져 버렸다고
존재하지 않는 것은 아니다
밝음이 어두워서 보이듯이
우리 모두를 빛 하나 의지한 채
그대를 그리워하며
매일 사라져간 시간 속의 숭고한 역사
먼동에 피어 석양에 몸을 접는
겨레의 영원한 무궁화 한송이
날 밝으면 가슴 벅찬 희망의 꽃
가슴에 품고 오늘도 문을 나서지.

잊어버린 들메끈

쏜 화살처럼 아득한 세월의 말미에
이미 지워져 버린 흔적을 뒤적이며
존재를 찾는다고
된 채찍질만이 존재인양
비워내고 고요를 품는 법을 잊었다
늦은 가을 밤 텅 빈 하늘에
가물거리는 별빛을 다독이며
앙다문 들메끈을 느슨하게 하고 싶다.

꽃을 피우고 싶다 외 4편

눈을 감고
귀를 막고
숨소리마저 줄이고
고요하고 싶다.

가시 돋친 말들은
치유의 방에 가두고
평화의 깃발에 의지하며
깊은 침묵 속에 잠들고 싶다.

사랑이었습니다

그대를 사모하며
눈물의 의미를 알았습니다.

다가갈수록
멀어져 가는 그대
온밤을 지새워 써 내려간 연서는
돌아오지 않는 메아리입니다.

사랑은 집착이 되고
집착은 미움이 되었습니다.

그대여 보소서
내 마음 고이 적어
님의 발 앞에 띄워 보내니
사랑으로 받으소서.

그대를 사랑하여
슬픔의 의미를 깨달았습니다.

빈 집

툇마루 처마 밑에
아궁이 그을림이 거뭇하고
마당엔 깨어진 항아리 나뒹군다.
봄은 담장 밖에
꽃을 피웠는데
산중 빈집에
땡벌만 웡웡
제 집마냥
온종일 애써 집을 짓는다.

하얀 겨울

찬바람 불더니
된서리 하얗게 내렸다.

무쇠 같던 세월도
나이 샌 듯 하얗다.

까까머리 버짐 핀 얼굴들
도시락 올려놓고
누룽지 눌기만 기다리던
그 시절 그 마음으로

연탄난로 피워
고구마도 감자도 묻어두고
김치찌개 맛있게 끓여보자

겨울도 하얗고
세월도 하얗고
내 마음도 하얗다

난로 가에 앉아
지난 얘기 나누고 싶다.

임종

정신이 혼미해지며
추억 여행은 시작 되었다.
장모는 지나온 시간을 여행 중이다.

신혼의 단꿈
첫아이의 출산
아낙네의 힘들었던 건설 노동현장

하교하는 딸 기다리며
새참 빵 한 조각 쥐어주던
순간을 떠 올리며
행복은 잠시 머물렀다.

인생의 종착역
생의 마지막
추억 여행은 짧기만 하다.

아내의 마음은 촉촉해져 간다.

얼어붙은 사월의 봄 외 2편

장 탁

요즘, 신바람 나는 게 있냐고
미칠 듯 한 바람도 없고
산은 도시로 점점 다가서고
거리엔 짓궂은 바람에 옷깃을 여미고
미친것도 아닌데
사월의 아침이 얼어붙었다
봄과 사랑도 길 잃고 산등에 앉아
햇볕을 긁어모은다.
연일 북녘 개포동 소리에 하늘도 화났다
진눈개비 우박이 박수치듯 때려대고
계절이 숨을 때 없어 웃통을 벗었다
사월은
똥털이 희도록 달리면 뭐 할 건데
논두렁 무너져 아성이 깨져도
올 것은 오고 갈 것은 간다.
그것이 민들레의 봄이다
일찌감치 잎새보다 먼저 핀
목련의 홑지마 바람은
야심찬 아내의 밤을 닮았다
강물이 거꾸로 갈일 없는데
춘 사월 믿을 놈 하나 없다
경칩에 입 떨궈놓고 오들오들
개구리의 개골찬 푸념이다
이렇게 해서 부정이 아닌 투정 속에
우리는 또 한 세월을 맞이한다.

이맘때면

어머니!
가시던 칠월의 하늘이
오늘도 저렇게 비에 젖어 웁니다.
울먹이는 땅도
어머니 유택 앞에 침묵의 풀숲으로
그렇게 흘러내립니다.
젖은 가슴으로 훌쩍 떠나시던 그 길에
안부 없는 바람이 오늘도 방황하면
어찌하나 걱정하실 우리 어머니!
이맘때면,
어머니의 정겨운 치마폭이 더욱 그리워집니다.
어머니
내일이면 잔잔한 바람이 분대요.
어머니 발길 다져진 보리밭 엔
허기진 아버지의 빈 지게
맷돌 한 짝 절구통 홀로남아
어머니를 찾는 듯 합니다.
이렇게 웃자란 그리움이
오남매의 소식 전하지 못 할 편지로 남지만
가신 길 가까워지는 서녘에
어둠이 밀려오면
당신께서 그리 좋아하던 박꽃이

어머니의 모습처럼
장독대 담장 뒤로 곱게 피어납니다.
어머니!
어머니 모진 손길에
잘 키워주신 자식들 손 모아 합장 배례 올립니다.
편안히 잠드소서!
어머니……

새처럼 날고 싶다

포로수용소
그 이후
하늘과 땅은 평화의 노래 한번쯤 불렀을까.
반주 없는 질곡에 잡초만 무성하다.
허옇게 빛바랜 세월 앞에
생생한 역사의 증언마저 사라지고
실낱같은 기억들 작은 섬 곳곳에 남아
더듬이로 파헤치는 논객의 슬픈 파도
그 영혼의 내면을 얼마나 들여다볼까
곱씹어도 본다.
서슬 퍼런 탈 모습
총부리에 저항하다 바다를 잃어버린
병사의 일기는 얼마나 있을까
전혀 바다를 닮지 않은 낯선 곳에서
바닷길을 묻다 끝내 하늘을 잃어버린
병사의 일기는 없을까
전장이 안겨다 준 참혹한 현실 앞에
생과 사의 갈림 길에서
한 인간의 존엄성과

무엇으로 그 영혼을 달래 줄 것인가
전쟁문학 세미나를 통해 준엄한 포스팅 역할을

과감히 담아내야 할 것이다.
소통의 세월 앞에
저만치 용서의 강이 흐르고 있지만
아직도 전쟁은 끝나지 않았다
포로수용소
그 아비규한의 천둥 같은 소리
바다의 묻고
새처럼 그렇게 날고 싶지 않겠나.

그냥 말 할걸 외 3편

조경화

하루하루 손가락 꼽아 봐도
늘 그날
헛헛한 잔기침 뿐

쌀랑하고
약간은 울적한 오후 4시 30분
주전자 열기 달그락
은은하게 스며든 차향
조금 다른 호흡으로
좋았던 기억 스멀거리면
버석한 얼굴 쓸어내리는
가난한 기다림 춥다

숨긴 속내 푸르렀을 때
등 돌려 아프다 할 걸.

누구나 악마를 키운다

농밀한 어둠
침범하지 못하는 현실
진실과 대면할 용기를 버린다

이것도 저것도
생각대로 안 되는 무자비한 인생
가치를 저울질하는 몹쓸 영혼
흔들어대는 거짓에 굴복하고도
안도의 숨소리 이건 뭘까
창백한 설풍 맵다.

여자

주술 걸린 운명
시작은 그렇게

넓고 깊은 심연으로 출렁이며
견딜 수 없이 어지러운 사랑앓이
영혼을 흔드는 악마의 장난이라도
감히 말 하라면
너를 살리고
나를 살릴 수 있는 생의 증표

진짜 꽃이고 싶다,

눈 뜨고 꾸는 꿈은 살아있다

달랑 카드 한 장
걸림 없이 "환승입니다"
경쾌한 목소리 무사통과

세상살이 환승 된다면
넓은 집 살다가 작은 집 살다가
사랑놀이 환승 된다면
이별 만남 왔다가 갔다가
달랑 카드 한 장 못 만든 죄인들
고달픈 환승역에서 좌충우돌

그래도 낮은 곳으로 흐르며
무엇이든 스며들어 끌어안고
하늘. 달빛, 별, 바람 떼울음으로
바득하게 살면서 울컥울컥
날마다 확실히 살아있는 꿈을 만난다.

뜨락에서 외 4편

이른 아침 뒤뜰을 쓸면
마당 어귀에서 졸던 바람이
눈 비비며 다가와 나를 거든다

창고에 몰래 들어 잠자던 고양이가
늘어지게 기지개를 켜고 나오다가
수돗가 비둘기들을 물끄러미 바라본다

꽁지를 분주하게 흔들어대며
굴뚝새 참새 불러 모아 신나게 조잘대는 멧새들
감잎 위 눈부신 햇살 불러 내 하루를 열어준다

아침 뜨락 멀리 뵈는 도봉산 맑은 하늘이
한가하게 노니는 조개구름에게
북한산 삿갓구름과 놀다오라고 입김을 가만히 불어넣는다

지하철에서

너 나 없이
고개 숙인 채
손바닥만 바라보는 저 군상들

어두운 빛을 쫓아
끝없이 자판을 찍어대는
아, 저 혁명적인 소통의 단절이여

밀고 찍고 넘기며
넓은 세상 바삐 찾아다닐수록
너희 삶은 오히려 좁은 세상에 갇혀가는구나

따뜻한 표정
하나 눌 놓치며 살아가는구나

신탄리역에서 부르는 노래

산 능선 넘어가
큰 양푼에 산채 비빔밥 가득 비벼
숟가락 부딪히며 함께 먹고 싶고
강줄기 따라가
이빨 빠진 대접에 동동주 넘치게 따라
노래 불러제끼며 한 잔 하고 싶는 친구들아

철원평야 내려다뵈는 고대산에 오르면
백마고지 전적지 포성이
멀리서 벌거숭이로 부옇게 일어나고
까닭 없이 총부리 겨누던 원혼들의 아비규환이
금강산을 향해 포효하는 표범폭포 물바람 속에서
떠도는 검은독수리 떼 울음소리로 살아오지만

친구들아 그럴 때면
우리 모두 신탄리에 모여
잘 익은 묵은 지에 손 두부 한 점씩 서로 얹어주며
그간 못 나눈 정 마음껏 나누어 보자
바람처럼 네가 나에게 불어오고
강물처럼 내가 너에게 흘러가서
하나로 만나 이 땅을 노래해야 할 친구들아

궂은 날 좋은 날 할 것 없이

신탄리 욕쟁이 할머니 집쯤에서
우리 한 번 모여
넓은 철판 가에 빙 둘러 서서
미움도 증오도 사랑으로 불피우고
뜨거운 눈물 글썽이며 웃음꽃 피워보자

우리가 풀어 놓은 아픔과 슬픔이
철판 위 생삼겹처럼 고소한 사랑으로 익을 때
달리고 싶은 철마처럼 신탄리를 살아온
욕쟁이 할머니의 정겨운 욕도
맛깔스런 고대산 고사리나물이나
시큼 털털 생침 도는 청무 잎에 살짝 얹어
마파람에 게 눈 감추듯 먹어 보자

얼굴도 모르는 그리운 친구들아
회한의 눈물로 핀 애기나팔꽃이
오가는 사람들 향해 말없이 웃어주고
통한의 녹물 속에 핀 둥근잎유홍초가
그리웠다며 바람 속에서 가만히 손 흔들어주는
야생초 흐드러지게 피어 있는
철도 중단역 신탄리 그 철길을
구름 그림자 따라 우리 함께 걸어 보자.

고령산 무언산행無言山行

1
너를 그리며 오르는 산
내 숨소리더냐
네 숨소리더냐
아무렴 어때?
너를 꿈꾸는 산행이
서럽게 나는 좋다

2
공허한 산새소리
발자국마다 살아오는 네 모습
네 숨결 놓칠세라
외줄기 산길을 더위잡으면
터질 듯한 심장 속에
오롯이 피어나는 네 숨결

3
말 없는 너
말 할 수 없는 나
애타는 마른 침을
뜨거운 눈물로 삼키면
골짜기 젖은 바람을 타고 와

싸늘히 내 가슴 울리는
애달픈 저 산새소리
나는 그만
고령산 지킴이가 되고 싶었다

구두를 닦으며

달포쯤에 닦는 구두는
뜸했던 내 손길이
무척이나 그리웠나보다

흙먼지 뒤집어쓴 코를 지나
생기 없는 양 볼을 쓸어주니
푸석푸석한 눈물만 서럽게 흘린다

미안해서 뿌연 엉덩이를 톡톡 도닥여주니
지퍼 이빨에 낀 고춧가루도 빼달라고
작은 입을 뾩긋 내민다.

무더위 외 4편

최수경

옛이야기도 나눌 수 있어 좋은
행운이라던 선택
혹여 잊혀질 몽상이 아니라면
짓궂은 기다림이라도
여전한 미소 머물러야 했다

나의 진에게 허를 만들고
나의 순수는 왜 가려졌을까
그럴 수도 있다는 짐작
밤새워 해명을 준비하지만
수신자 없는 사연 백지로 남는다

너무나 빠르게 스쳐간 봄날
침묵의 늪에서 허우적이며
늦게 찾아온 선물을 잃어 버렸을 때
그를 찾느라 긴 여름에 지치고
어떤 도약도 밀기만 한 폭염이란 걸 알았다

들꽃의 변

나의 손짓에 달려왔다며
왼 종일 속살대며 좋아라 했지
정말 그랬어
어느 날 휭 하니 가버린
바람 헤친 먼 하늘에 방황이라면

침묵 뒤에서 미안해하고 있을
너의 이름은 벌이었다는 것
네가 앉은 자리가 벌겋게 부어올라
온몸에 열이 나던 야릇한 통증을
나는 잊지 못하지

설렘은 그대로인 채
다시 이별이라도
간밤 꿈이던 해후를 바라본다
화려한 날개 팔랑대는 나비야
아무대나 앉지 마라
너는 가고 나 혼자 설운 꽃잎 떨군다

초하

벚꽃이 산의 경치를 수놓던
꽃동산은 봄날의 특별한 향연이었지
가슴 설레던 짧은 만남이 가버리니
시퍼런 오기가 빠르게 번져
혈기왕성하게 꽃자리를 채우네

꾀꼬리 뻐꾹새 종다리
부르지 않아도 온갖 새들이 모여들고
점점 뜨겁게 쏟아지는 햇빛
더 파래진 산 빛깔이
오월을 눈부시게 물들이니

가버린 벚꽃이 그리워질 때
그가 남긴 열매를 본다
까맣게 타고 있는
못다 한 너의 이야기를 먹는다
아직도 달콤하다

동반자

첫 만남이 언제였는지 모르지만
너를 알고부터
즐거운 일이 많아 졌어
아침을 깨워주고
때마다 음악을 들려주는

너는 아니
네가 나의 연인이라는 걸
하루에도 수없는 눈길을 보내고
만져봐도 열어봐도 느낌이 좋은
알면 알수록 매력 덩어리

잠시라도 떨어지면 불안해
그래서 우리는 같이 사는 거지
이미 저장된 나의 일상과 과거를
고백하지 않아도 될 품격 높은 동반자
패턴 설정

다비소

꽃샘추위가 오락가락 하면서
봄꽃이 망울망울 터지고 있는데

아내를 지켜주지 못하고 떠나는
슬픈 통한의 소리 어디쯤에서
미안해 미안해 허공을 도네

미망인이라는 멍에를 얹어주고
홀연히 떠나는 망인은
함께한 30여 년의 희로애락을 둔채
한마디 품고 있던 유언까지 태운다

누가 누구에게 죄인이던가
기다림도 형태를 지워버린
남아있는자의 마지막 오열은
한 줌의 재에 피맺힌 한을 섞는다

동행 외 2편

최순자

서둘러도 멈춰서도 안 되는 인생의 페달을 밟으면서 여기까지 왔는데
왜 이렇게 복잡한 생각이 전염병처럼 온 몸에 쫘 아악 퍼져 전율할까?

탐욕을 걷어내고 문학 작품 한 점, 한 점으로 자신을 누르고 확대 해가며
최선이기를 기대 했는데 그것도 저것도 아닌 물체 들이
죽순처럼 밀고 나와 가슴에 못질한다.
칡넝쿨이 유월의 산을 휘어 감고 점령 해 습지의 왕이 되어
가장 낮은 곳에서 높은 곳을 향해 뻗어 갔듯이 서둘고
망설임 없는 인생의 클레 치를 밟고 열심히 몸부림 처 왔건만
결국은 한 대목도 완주하지 못했다.

나약하게 쓸어져 가는 모습 앞에서 한 숨만 토한다.
'그러나 충분히 행복했던 소유의 공간이 있었기에'
존재하고 있는 의미를 인식한다.
꽃도 시들기 전에 풍만함을 표출하고 또 화려함을 감상하며
봐야 하지 않겠는가?

아이들에 웃음을 닮은 진분홍과 연분홍 진달래 철따라 피고
호리호리한 코스모스는 갈 노래 부르며 춤추지 않던가?
피고 지는 순리에 순응하면서,
피면 웃는 모습 그대로 시들면 져 가는 데로 적응에 모습을
유지하면서 수많은 해 비킴을 싫다 소리 한 번 못하고

자연에 복종하지 않았던가.

'천년을 두고 피고 질리라도 만년의 꽃씨를
잉태해 출산하는 식물들을 본다.
지각없이 몸만 불려가며 삶을 이어가도 자신은 물론 만인의 시각 속에
평화와 아름다움을 건네주는 꽃들의 형태.
천진난만한 아이들의 웃음 속에는 박꽃 같은 청순함이 스며 있고,
아이를 잃은 늙은이의 슬픈 입 언저리에선 피어나는
숨 막히는 웃음에 꽃이 있지 않던가?

세찬 바람에 몸 찍기는 벚꽃들의 아우성 섞이니 웃음도 제 몫을 하니,
동식물이 어우러지는 동산에 올라 하늘 높은 곳에서 거침없이
그들과 함께 하고 싶어라.

보랏빛 꽃바람 속에서 나비 등을 타고 진솔하게 웃고 있는 웃음에 잠들고 싶어라.

고구마 순

일찍 일어나는 새가 모이 한 톨 이라도
더 쪼아 먹는다고 했던가.

쩍쩍 갈라졌을 밭이랑 사이로
탐스럽게 키워낸
고구마 잎과 옥수수.

2013년 올여름
무시무시한 더위와 싸워 이긴 고구마 순.
결코 "성"아의 승리리라.

모진 비바람에
할퀴고 헐키는 아픔이 당도해도
지금처럼 이렇게 지지 말자고.

몸만 불리는 식물 일지라도 싸워서
이긴 승리. 고구마 순.
강인한 정신력!
무지개보다 아름다운 색체를 보았소.

성아,
"성아"는 분명히 성공적인 삶의 영위자라고.

경기도와 전라도 사이에 택배 속의 고구마 순
성아의 사랑
눈시울로 핀 고구마 순.

*성_ 형님

갈 노래

그 동안 많이 미안했고, 또 고마운 일도 많았습니다.
함께했던 일을 어찌 서툴게 치고 있는 이 타자위로
다 표출 해 낼 수 있겠어요?
수천시간을 벼르고 생각하다가 오늘에 와서야 용기를 냈습니다.
이해해 주십시오.
이미 떠나버린 당신에 마음을 쥐고 있을 능력도
또 이유도 없어서입니다.

진작 놔 드려야 할 이쪽 입장도 어지간히 미련했고
또 힘듦이 동반해서입니다.
충분한 이해 계시리라 믿겠습니다.
서로의 과거는 알지도 묻지도 않고 현실에 충실하며
카키 빛 노을 속에 사랑만을 스케치하고 싶었지 않았나요?
알 수 없는 영역 속에 퇴색해 버린 당신.

노력만으로 이룰 수 없는 것이 사랑이고
사랑이라는 단어가 형성되어 사랑을 한 순간
그리고 숱한 시간과 인생역경 속의 희비고락이 동반되어야 한다는
사실을
바보 같은 자신은 여태까지 몰랐습니다.

솜털보다 부드러운 만남 속에 사랑 할 수 있는

능력도 자격도 없이 덤벼든
자신이 소수점 보다 작고 초라한 순간입니다.
수 없이 밟히고 베이어도 따뜻한 태양아래서
보랏빛 꽃을 맺고 피고
또 지는 들꽃을 보며 자랐던 우리들이 아니던가요?

수로 위에서 방향을 잃었습니다.
어쨌든 멀리 있다 해도 마음은 지척에 앉히겠습니다.

석류의 난산 외 2편

현미정

깊숙이 살점을 파고드는 감촉
구렁이처럼 조여 오는
숨 막히는 한줄기 햇살의 구애

원초적 향기에 무너져
오로라의 환상 같은
꿈속을 헤매다

어느 날 인가부터
멧동산처럼 부어오른 배
감추지 못해 발개진 부끄러운 맘

사랑 한다며 조여 오는
햇살 믿지 말라던
아침 바람의 말을 모른 척

살몃 눈을 감고 참회할 때

여름 끝자락을 잡고 달려오는
천둥 번개소리에 혼비백산 놀라
정신을 차리고 보니 오 맙소사

가을은 내 아랫배를 훑고 가
알알 핏물로 터져 버린
나는 난산 하는 석류가 되었어요.

흑 진주의 호수

늪처럼 꺼진 배
이랑이랑 밭이랑
배고프다는 말도
힘겨워

맑은 눈동자만
호수가 되여
제 몸을 비추이네.

아들에게 보내는 편지

하늘에 촘촘히 박혀 빛나는 은하수 아들아
너의 얼굴로 하나둘 부서져 내린다
낮이면 작열하는 햇살에 반짝이는 금빛 모래알
에미 가슴 열탕이 되여 녹아 내리고
달빛의 익은 국화꽃 향 바람에 퍼져 나리우면
이 그윽함 혼자 맡는 향기 서러워 가슴에 묻은 너
또 다시 너의 안부를 묻는다.
그 곳은 평화로운 세상이냐고 아니 평화로운 곳일 거라고…….
널 잃은 언제부터인가 함초롬히 흐르던 달빛은
얼음보다도 더 차가운 달빛이 되여 내리더구나!
달빛 국화꽃 위에 고요히 내려앉으면
에미 혼자 바라보는 이 국화는 마치 흰 눈이 내린 듯 무척 춥구나.

칠흑같이 캄캄한 바다 성난 검은 물결 속으로 밀려들어 갈 때
아들아 이 에미가 얼마나 그리웠겠니. 천지에 얼마나 무서웠겠니.
얼마나 추웠겠니. 용암처럼 흘러넘치는 에미의 뜨거운 눈물이 그 추운 바닷물을 조금이나마 데워주었더라면 다소 얼마나 위안이 되련만
아들아 이젠 흘릴 눈물도 말라 버린 모양이야 .
사막의 먼지처럼 소금기만 버석 이는 눈이 돼 버렸단다. 오로지 보이는 건
네 모습만이 아롱이고 있어 에미의 젖꼭지를 물고
웅얼거리며 방긋이 웃던 너의 더운 피부 똥을 싸놓고 뭉개며 놀던

모습
학교를 가고 군대를 입대하여 잘 다녀오겠다던 용감하고 씩씩했던 너

아가, 아들아 그래 장하다 너의 슬픈 희생의 죽음은
대한민국의 떳떳한 군인으로서 의무를 하였기에 애국의 용사였기에
있었던 사실이지. 암 그렇고말고 너로 인하여 대한민국의 안보의식이 강화되어
안정과 평화가 새롭게 지켜질 수 있다는 초석의 길을 만들어 놓은 영웅이 아니더냐
낳기는 에미가 낳았지만 군에 입대하는 날부터는 온 국민의 아들 나라의 자식이 아니더냐
너의 희생 국민들과 나라는 결코 잊지 않으리라
울지 못하는 에미에 마음을 아는 지 차가운 밤바람도 휘돌아 등뒤에서
숨어 우는 듯 맴도는구나 아가야 오늘은 이만 얘기하사 사 편히 잘 있거라

이 세상 기쁨이 천국의 기쁨

김윤아

가을하늘의 높고 청명함은 굳이 설명이 필요하지 않는다.

이 가을의 상큼함과 아름다운 하늘 배경을 만나면 가슴이 활짝 열리며 상쾌함이 밀려와 마음속에 자리 잡고 있는 묵은 찌꺼기들이 산화되어 사르르 녹아내린다.

'어쩌면 이렇게 해맑은 빛깔을 낼 수 있을까' 감탄과 탄성이 저절로 나오는 샛노란 국화꽃송이들, 1억 송이의 국화꽃 단지를 조성하여 관람객들의 눈길을 끌고 있는 때를 맞춰 400만 명의 관람객 목표를 달성하는 쾌거의 날, 내 고장 순천은 기쁨과 감사로 하나가되었다. 그러고 나서 일주일 후 10월 20일에 6개월간인 박람회 기간이 끝나 '2013 순천만국제정원박람회'의 폐막을 하였다. 순천시민들의 얼굴에는 여름내 찌는듯한 더위의 힘듦의 표정은 찾아볼 수 없고 기쁨의 밝은 표정으로 활기찬 인사들만 오고간다. '아이고 천국이 따로 없내구려' 건네는 말들, 힘들게 치러졌기에 기쁨도 더 크리라 생각된다.

창조주께서 우리 인간에게 두 손을 준 것에 대해 사람들이 좋은 말들을 남겨 주었다. 어떤 목사님께서는 '한 손에는 영성을 한 손에는 사회성을 가지라'는 뜻이라고 하였다. 어떤 신학자께서는 '한 손에는 성경을 한 손에는 신문을 들라고 하였다.' 많은 사람들은 '양손에 떡을 들었다'는 말을 하였다. 나는 이번 '전국지회(부) 대표자대회' 인사말에서 '양손에 떡'을 이야기 했다. 행사를 앞두고 많은 고민 끝에 선택한 서두의 인사말을 나는 단상에서 이렇게 하였다. "옛날 보릿고개가 있던 배고픈 시절에 양손에 떡을 들게 된다면 얼마나 행복했겠습니까. 저는 이 순간 양손에 떡을 들고 있는 심정의 행복감을 갖고 있습니다. 왜냐면 내가 살고 있는 지역인 '녹색의 땅 전남' 의 귀하신 분들을 모셨고 내가 소속된 단체인 '대한주부클럽연합회 전국지회(부) 대표자들' 을 모시고 이 큰 행사를 개최할 수 있는 역량을 발휘하게 되었고, 그동안 양쪽 분들의 은혜와 응원으로 이만큼 제가 성장 하였으니 얼마나 감사드리고 기쁜 날인지 모르겠습니다."라고 얼마나 많은 걱정을 하면서 준비한 행사인줄 모른다. 양쪽의 어르신들과 지역과 단체의 동역자 분들을 의식한 큰 행사이기에 재정적인 고민은 뒤로하고 차별화된 프로그램과 손님맞이의 공손한 의전으로 평가를 받게 되는 내 임기의 처음이면서 마지막의 행사가 될 이 행사(차례가 몇 십 년 만에 돌아 옴)의 중압감은 큰 부담이었다.

소비자 · 여성 · 환경의 권익 운동을 하시는 어르신들의 강권으로 1999년 1월 22일 사단법인 대한주부클럽연합회 순천지부를 창립하여 2009년 2월 20일 전남지회장이 되어서 연합회에 가면 지방의 작은 자의 위치에서 낯설음은 물론 불안과 두려움을 가지고 큰 단체의 일을 한다는 게 자긍심과 보람으로 끌어내기까지는 많은 어려움과 고통이 따른다. 내실 있는 운영과 외부에 비춰지는 좋은 모습들을 만들어내기 위해서는 조직 구성원들에게 각각의 지체로서의 역할 분담에 대한 리더십과 난관에 부딪쳤을 때 당당하고 떳떳한 해결의 지혜와 조직의 안녕을 위한 따뜻한 보살핌은 필수이다. 이런 활동의 과정에서 항상 우리에겐 끊임없는 선택의 기로에서 고민하기도 하고, 두 손의 실천적 역할이 중요한 결과를 갖아다 주는 경험을 하기도 한다.

나는 두 손의 균형, 두 손의 조화는 이 세상과 천국에서의 기쁨을 갖게 하는 마술이라고 생각한다. '영성과 사회성', '성경과 신문' 은 인간이 행복한 삶을 살아가도록 하는 바램의 건강성 표현이며 자신이 섬기는 신과 이웃을 동시에 사랑하라는 말 인거다. '양손의 떡' 은 이미 모든 것을 소유한 표현인 거다. 이번 행사를 준비하면서 겪게 되는, 물질적인 것, 관계적인 것과 성과에 대한 두렵고, 불안한 마음을 한 순간에 불식시키는 '양손에 떡을 들고 있는 심정' 이라는 이 표현은 결핍의 고통을 몰아내고, 스스로 자족하는 기쁨을 가져다 줬다. 환경에 지배되지 않고 감정에 동요되지 않으며, 불안이 연기처럼 스며들어도 내안에 긍정과 기쁨이 크면 이 세상에서와 천국에서의 기쁨을 보장 받는다는 진리를 터득했다.

이 귀한 행사를 녹차수도의 고장인 보성 다비치콘도 제암홀에서와 2013 순천만 국제정원박람회장에서 치루고 나서 고생했던 몇 분과 정담을 나누며 벌교 태백산맥문학관과 홍교다리, 소화다리의 상쾌한 저녁바람을 맞으며 과거의 역사이야기, 현재 우리들의 삶 그리고 건강한 미래의 삶을 이야기하면서 거닐었다.

'회장님 녹색이 가득한 여름 들판은 꽉 차있어서 좋은 느낌이 들어요. 그런데 이렇게 가을 추수를 해버린 들판은 텅 비어있어서 마음이 허전해져서 싫어요.' -조영자부회장님의 표현이다.

'다시 새로운 걸 채우기 위해서는 텅 비어 있어야 해서 일거에요. 부회장님 이 순간 해냈다는 우리의 기쁜 마음은 영원히 우리의 것 일거에요'

녹색의 땅 전남 발전을 위해 특히 '2013 순천만 국제정원박람회' 성공개최를 위해 이리 뛰고, 저리 뛰며 홍보했고, 1년 전에 우리 연합회 김천주회장님께 간곡히 말씀드려 이번 전국지회(부)대표자 대회를 전남지회가 유치하게 되었던 것이다. 관람객 초과 달성으로 축제 무드의 폐막식을 한 『2013 순천만 국제정원박람회』 그리고 『대한주부클럽연합회 제 286차 전국지회(부) 대표자 대회』의 포럼과 토론, 회원공연 등의 알찬 프로그램으로 성황리에 폐막되었다는 평가는 나를 안도와 기쁨의 순간에 머무르게 한다.
'우리지역' 관람객 400만 명이 넘는 국제행사와 '우리단체' 참석자 400명이 넘는 대표자 대회 이 두 행사의 대장정은 이렇게 축제 분위기로 막을 내렸다.

매화차梅花茶와 대화를 하며 외 1편

회의가 있어 참석하려고 하는데 날짜가 변경되었다고 한다.

그러지 않아도 몸이 무겁고 기운이 없어 망설였다가 서둘렀는데 다행이라고 하면서 외출복으로 입었던 옷을 벗어놓고 집안 뜰 앞 목련나무 그늘밑 의자에 가서 앉아 있다.

목련꽃을 비롯하여 여러 가지 봄꽃향연에 푹 빠져 감상을 하고 있는데 옆에서 바람결에 한들거리는 화들짝 피어있는 매화향기에 취해 얼굴을 대보며 대화를 한다.

마침 다관에 담아온 끓인 물에 방긋이 웃고 있는 매화꽃을 따다가 찻잔에 넣고 물을 부어 우리고 있다.

청자찻잔 안에 펼쳐진 매화가 더 예쁘게 활짝 피어 향을 풍겨 내 마음을 사로잡는다.

말이 없는 모든 차茶는 옛날부터 많은 시인들이나 차인들과 대화를 하며 좋은 일 이나 슬픈 일이 있을 때도 향으로 입맞춤을 하며 대화를 하는 것이다.

이렇게 홀로 마셔도 좋고 차친구茶友를 불러 오묘한 가운데 차를 같이 마셔도 좋은 차는 나의 벗으로 차향香 차색色 차미味를 느끼면 마음이 편안해진다.

보고 싶은 사람도 차향 속에 그려 넣어보고 섭섭했던 세상사도 찻잔에 섞어 마시면 세심洗心이 되는 것이다.

두둥실 떠가는 푸른 하늘에 뜬구름을 보고 시상詩想을 떠올려보며 하루일을 시작한다.

꽃피는 봄이 어느새 속절없이 가버릴 생각을 하며 떨어지는 목련꽃, 바람결에 날리는 매화를 보며 꽃을 보는 것 도 오늘 내일 지나다보면 아쉬움만 남긴 채 다 날아가 버릴 생각에 봄을 보내는 마음이 아쉽기만 하다.

꽃을 보며 차를 마시고 있으려니,
옛 시인 운초雲楚 김부용金芙蓉 님의 "가는 봄을 붙잡고"라는 시를 읊어본다

석춘惜春

孤鶯啼歇雨絲斜 (고앵제헐우사사)
窓掩黃昏暖碧紗 (창엄황혼난벽사)
無計留春春己老 (무계유춘춘기노)
玉瓶聯揮假梅花 (옥병연휘가매화)

꾀꼬리 잠잠하고 실비 비끼는데
황혼은 창에 내려 푸른 비단 따스해
가는 봄 잡을 꾀는 전혀 없으니
꽃병에 가매화나 꽂아 두련다.

봄을 보내는 마음이 아쉬워하는 운초 시인의 "가는 봄을 붙잡고"라는 시를 보며 나도 차 한 잔 마시며 공감을 하는 아침나절이네.

황성옛터 노래비를 보며

나는 더위를 별로 타지 않는 편인데 올해는 참지 못할 정도였다.

오늘은 더위가 한풀 꺽인 9월초라 그런지 산을 오르고 길을 가도 덥지를 않아 다행이다.

그 옛날 충효의 고장에서 왕평 이영호의 황성옛터 노래비를 둘러보고 있다.

'황성옛터 노래비'는 두 개로 하나는 그가 태어난 영천의 황성옛터(조양공원朝陽公園) 노래비고, 또 하나는 그가 유년 시절에 보낸 그의 묘가 있는 청송군 파천면 송강리 31번국도변에 지난해 10월에 세워졌다.

그리고 왕평의 출생지 영천에서 일제 강점기에 황성옛터란 노랫말로 민족혼을 일깨운 왕평 이용호를 기리는 왕평 가요제가 열리고 있었다.

왕평은 1908년 영천시 성내동에서 태어나 유년시절 5-6세 때 살았고 묘소는 송강리 3번지 수정사 아랫마을 길가에 있다.

왕평은 배제 고등 보통학교 졸업하고 조선배우학교 1기생으로 연기를 공부했다.

일제 강점기에 배우 극작가 연극사研劇舍에서 예술로 달래던 1927년 여름밤 중국과 만주공연을 순회한 극단의 일행은 황해도 개성에서 공연을 했다고 한다.

개성이 고향인 작곡가 바이올린 연주자 전수린은 왕평과 만월대에서 폐허의 황성옛터를 바라보며 망국에 설움에 눈물지었다.

그날 밤 늦장마 빗소리에 몸을 뒤척이던 전수린은 불현 듯 바이올린을 잡아 비분悲憤하고 서러운 곡을 토해내기 시작했고, 왕평이 노랫가사 말을 지었다.

황성의 적(荒城蹟 황성의 발자취)란 곡이다.

황성옛터에 밤이 되니 월색만 고요해
폐허의 설은 회포를 말하여 주노니
아-외로운 저 나그네 홀로 잠 못 이루어
구슬픈 벌래 소리에 말없이 눈물져요.

조선인으로 이 노래를 듣고 울지 않은 사람이 없을 정도로 식민지 백성에 민족 정서를 자극한 국민노래였다.

이로 인해 왕평과 개성의 전수린은 일제 헌병에게 잡혀가 고초를 당하고 황성옛터 노래는 일제에 의한 금지곡으로 되었다고 한다.

왕평은 그럼에도 불구하고 민족성이 강한 노랫말을 담은 대한팔경, 조선행진곡을 작사를 하였으나 모두 금지곡이 되었고 1941년 평안북도 강계에서 "돌아온 아버지"란 연극을 하던 중 무대에서 쓰러져 33세 나이로 세상을 떠났다고 하는 슬픈 이야기다.

황성옛터 비를 보며

황성옛터의 밤이 되니 월색만 고요해……하며

일제 때 왜놈들에게 고충을 당한 우리민족을 생각하니 너무 분하고 속이 상함을 무어라 달랠 수가 없다.

화초와 잡초

서이선

비가 내리는 날은 생각이 많아진다. 문득 뜬금없이 정채봉님의 〈콩씨네 자녀교육〉이란 시가 떠올랐다.

"광야로 내보낸 자식은 콩나무가 되었고
온실로 들여보낸 자식은 콩나물이 되었다"

참으로 큰 의미가 담긴 시다. 콩이 자라는 다른 두 가지 경우의 환경과 콩나물과 콩나무를 비교해보며 자라나는 아이들을 생각해 본다. 콩은 온실 속에 가두어 기르면 콩나물이 되고 밭에서 비바람 맞으며 자라면 콩나무가 된다고 했다. 방안에서 검은 보 덮고 햇빛 한줄기 못본 채 찬바람 한번 맞지 않고 따뜻한 물만 먹고 자라는 콩나물! 기껏해야 가녀린 몸 하나 비집고 빽빽하게 서서 똑같이 닮은 꼴로 자라는 콩나물은 과보호를 받는 아이와 닮은 꼴이다. 콩나물처럼 자란 아이가 험한 세상을 어떻게 헤쳐 나갈 것이며 날기롭기 그지없는 무한경쟁 사회에서 당당하게 우뚝 설 수 있을까? 산모퉁이 계곡을 낀 척박한 흙에서, 넓은 들판에서 바람에 님실대며 춤을 추는 벼와 좁은 논두렁에 나란히 서서, 온종일 뙤약볕 머리에 이고 진땀 뻘뻘 흘리는 무더운 여름을 보내고, 말라 버린 흙이 쩍쩍 갈라져 온몸이 타들어 가는 가뭄을 이겨내고, 거세게 몰아치는 비바람에 뿌리째 뽑힐 위기를 넘기면서도 꿋꿋하게 자란 콩은 식생활에 다양하게 이용된다. 아이도 마찬가지다. 좀 부족함을 느껴봐야 소중함을 알고 아픔을 겪어봐야 어려운 일에 부딪혔을때 이겨낼 수 있는 자생력이 길러진다.

물론 미리 목적을 달리해서 키우는 콩나물과 콩나무의 경우는 다르지만 과잉보호와 지나친 관심은 우리 아이들이 우뚝하게 설 수 있는 탄탄한 땅이 되기보다는 수렁이 될 뿐이다.

흔히들 부유하고 모자람 없는 환경에서 부모의 온갖 보살핌을 다 받으며 자라는 아이들을 온실속의 화초라고 부르고 가난하고 부족한 환경에서 억척스럽게 자라는 아이를 잡초에 비유한다. 지금은 어느 가정에나 한 두 명 두는 자녀라 정도의 차이는 있지만 왕자와 공주가 아닌 아이가 없다. 사람에게도 경제원리는 통용되는 것이다. 적으면 귀하게 되고 귀하면 소중하다.

그러나 사람은 묘하게 편하고 좋은 것에 아주 쉽게 길들여지는 것 같다. 머리로는 힘든 경우도 당해보고 어려움도 겪어보고 다양한 체험을 통해 폭넓은 사고를 가진 아이로 키워야지 하지만 정작 자기 아이들한테는 하나에서 열까지 마마대접을 하고 있는 실정이다. 행여 엎어질세라 다칠세라 전전긍긍 노심초사하다보니 급기야 부모가 아이들 비위를 맞추는 상황까지 벌어진다. 귀한 자식 매 한 대 더 때리고 미운자식 떡 하나 더 준다는 속담도 무색하고 공허한 소리가 된지 오래다.

천금같은 속담도 세월따라 변하는지 가끔은 교육이라는 말을 들으면 무엇이 옳고 무엇이 그른지 판단이 안 될 때도 많다. 그러나 아무리 세상이 달라져도 변하지 않는 속담은 "세살 버릇 여든까지 간다"라는 말인것 같다.어릴때 자라온 환경과 보고 들은 것들이 세살 쯤에 거의 다 형성되는 성격과 습관에 영향을 많이 미치는 것은 사실이다.

모 외교관 자녀의 특채를 위해서 꼬리에 꼬리를 무는 어처구니없는 비리의 사례가 메스컴에 보도되었다. 온실 속 화초처럼 콩나물 시루의 콩나물처럼 키워진 사람이 어찌 이 거대한 사회라는 집단을 끌어갈 수 있을 것인가. 아니 그런 거대한 목적은 차치하고라도 직장을 얻기 위해 살기 위해 불철주야 고시공부를 준비해 온 많은 젊은이들의 피나는 노력을 물거품처럼 만들어서 되겠는가

요즘은 권력과 부의 힘이 어디든 지나치게 개입된다. 어릴 때부터 줄곧 들어온 부정부패의 끝은 어디일까.

우리는 적당히라는 말을 참 많이 쓴다. 그 "적당히"라는 말은 실로 어려

운 말인 것 같다.

중용의 미만큼 아름다운 게 어디 있으랴. 더도 덜도 아닌 넘치지도 모자라지도 않게 행동하는 것은 정말 여려운 일이다. 교만하지도 않으면서 지나치게 겸손하지도 않은 중용의 미를 그래서 덕이라고 하는가 보다. 학교 다닐때 도덕 교과서에 이런 말이 있었던 기억이 난다.

"든 사람, 난 사람, 된 사람"이라고. 사람이 살아가면서 갖추어야 할 것들이지만 이중에서도 가장 어렵고 소중한 것이 된사람이라고 했다. 요즈음은 이런 말도 많이 쓰고 있다. "멋있는 사람, 맛있는 사람, 향기나는 사람!" 물론 현대인들의 성향에 맞춘 말이지만 이중에서 가장 지향해야 할 사람은 향기나는 사람이라고 했다. 어쩌면 된사람이 바로 향기나는 사람이 아닐까 하는 생각이 든다.

극심한 가뭄속에 아침이슬 한방울은 얼마나 소중할까? 여러 날 퍼붓는 장마 때 한줄기 햇빛은 얼마나 소중할까? 척박함 속에서 살아갈 수 있는 최소한의 에너지가 옹골진 모습으로 가지를 벌이고 잎을 넓히고 꽃을 피우고 마지막 남은 열정으로 열매를 맺는다. 꼬투리 속을 탱실탱실하게 꽉 채우는 힘은 어려움을 이겨내는 의지와 노력이다. 그 의지와 노력을 길러주는 것은 외적인 풍요보다 내적인 양식을 든든하게 먹여주는 교육이라고 생각한나. 요즘 딸바보 아들비보라는 신조어가 유행한다. 무조건이 아닌 바보였음 한다.

오늘은 이 아이들에게 진심어린 응원을…

장선영

더위가 어느새 잊혀지고 싸늘해진 밤기운에 내 차림새는 벌써 몸집 큰 곰 마냥 둔해 보인다.

걸어오는 길목마다 이름 모를 앙증맞은 야생화가 한창이던 봄에 이 아이들을 보기 시작했으니

인연이 시작된 지도 벌써 여섯 달을 넘어간다. 씨를 뿌렸다면 풍성한 수확을 앞두고 입가엔 저도 모를 미소가 올라 있을 시간이다. 처음에 이 학교 이야기를 들었을 때는, 나에게 새터민에 대한 정보가 별로 없었다. 남한 사회에 이렇게 많은 새터민들이 있다는 것도, 이들을 위한 여러 학교들이 세워지고 있다는 것도 몰랐으며 관심도 없었다고 해야겠다. 그래서 아이들과 처음 만나러 가는 길은 호기심과 걱정이 반, 마음속 각오가 반이었다고 해야겠다. 그러나 예상과는 달리 아이들은 그냥 너무나 평범한 아이들일 뿐이었다.

지금은 환경이 많이 좋아졌지만 처음 학교에 갔을 때 아이들의 상황은 그다지 좋지 않았다. 도시 외곽에서 30분마다 오는 마을버스를 기다려 시골길을 20분간은 달려야만 도착하게 되는 학교는 허름한 시골 동사무소 지하 한 켠을 빌려 쓰고 있는 정도였다. 비가 오면 교실이 잠겨 공부는 접어두고 물을 퍼내야 했으며 구석구석에는 곰팡이가 피어났고 지하의 습한 기운이 감돌았으며 윗 층의 화장실 냄새가 지하로 스멀스멀 스며드는 그런 곳이었다. 뿐만 아니라 건물주위로는 아이들 키 만한 잡초들이 우거져 있었다. 겉으로는 평범하고 해맑은 아이들이나 알고 보면 그 나이의 아이들이 감당하기엔 너무나 버거운 사연 하나씩은 다 가지고 있는 아이들인데 여기서도 이런 고생을 하고 있구나 라는 생각에 진한 안쓰러움이 밀려왔

다. 그러나 그런 나의 걱정은 기우에 지나지 않음이 금방 드러났다. 학교를 세우신 목사님과 선생님들의 지극한 사랑과 보살핌 때문인지 어느새 아이들은 부모에게 쉼 없이 응석부리는 철부지 아이들의 모습이 되어 환경과는 상관없이 잘 지내고 있었던 것이다. 물론 속내는 습관을 버리지 못해 힘들어 하기도 하고, 새로운 환경에 부딪히며 갈등도 많이 했지만 그래도 역시 십대다운 면모를 가지고 있는 것을 볼 때면 가슴이 따뜻해지고 기분이 좋아졌다. 더군다나 최근에 이사 온 학교는 시설도 많이 좋아졌고, 무엇보다 교통편이 많이 좋아졌다. 내가 학교까지 가는데 걸리는 시간이 30분이나 줄어 이제는 1시간 반이면 도착할 정도이다. 그래서인지 아이들도 훨씬 밝아지고 안정을 찾은 느낌이다. 나 또한 덩달아 신이 나서 아이들에게 더 많은 관심과 애정을 쏟게 된다.

그런데 학교엔 선생님들의 관심과 애정으로도 해결되지 않은 여러 문제점들이 아직 많이 남아있다. 일반 학교와는 너무 차이가 나는 지원과 혜택, 그리고 교과과정상의 문제들이 그것이다.

예를 들면, 아이들은 초중고등의 구분만 있고, 학년이나 나이 구분 없이 한 교실에서 공부해야 하는 경우가 많다. 그러다 보니 학습능력이나 정신연령의 차이들이 배려 받지 못하는 상황이 생길 수 밖에 없고 여기에 적응하지 못하는 아이들은 심한 경우 학교를 그만두기까지 한다. 더 세심한 배려를 받아야 할 아이들이 제도적 빈약함으로 상처받고 소외되고 있는 것이다. 제도적 문제점들은 관계기관 담당자들의 관심이 제일 중요하다 하겠지만, 더 중요한 것은 일반인들의 관심과 응원이 함께 할 때 더 큰 원동력이 될 수 있을 것이라 생각한다. 우리 주변에는 관심이 필요한 이웃들이 많다. 그래서 어떻게 다 관심을 갖겠느냐 라고 생각하시는 분들이 있을지도 모를 일이다. 그러나 우리는 장래를 아이들에게 맡겨야할 처지이고, 오늘날 우리 아이들은 아주 다양한 배경 속에서 존재하고 있다는 것은 다 아는 사실이다. 오늘만큼은, 이 아이들에게 더 많은 관심과 진심어린 응원이 전달될 수 있기를 간절히 바래본다.

지리산 등반기

최건차

열정과 도전으로 전국의 산을 등반해온 터라 지리산을 오를 수 있을 것 같다. 지리산은 1967년 우리나라 최초의 국립공원으로 지정된 한국인의 기상이 발원된 곳이다. 지리산! 생각만 하여도 경이롭고 가슴을 벅차게 하는 웅대한 산이다. 3개도 5개 시 군과 16개 면에 걸쳐 둘레만도 320km나 되는 전설과 숱한 이야기, 이념의 한이 서린 역사의 아픔이 담겨 있는 곳이다.

지리산을 처음으로 등반한 것은 2년 전 초여름이었다. 빨치산들의 흔적을 알아보려는 내심으로 역시 초행인 지인과 더불어 함양 백무동에서 시작하여 4시간 여 만에 장터목대피소(1750m)에 이르러 인터넷예약으로 잠자리만 제공 받았다. 끼니는 각자가 해결해야 하는 곳이라 여기저기 흩어져 부산하게 저녁을 지어 먹는 모습이 어쩌면 어린 시절 빨치산 해방구에서 겪었던 일들 같아서 낯설지 않다.

해가 지면서 안개가 짙게 깔려 늦가을 같은 날씨다. 준비해 온 취사도구로 밥을 짓고 국 대신 라면을 끓여 먹고 잠자리를 준비했다. 저녁 8시, 소등을 한다는 안내방송이 나자 새벽에 출정해야 하는 특공대들처럼 비장한 침묵으로 빠져든다.

다음날, 2011년 6월 7일 이른 새벽이다. 어둠속에서 바스락 바스락 덜그렁 거리며 배낭을 꾸리는 분위기다. 우리도 더듬어 행장을 꾸려 천왕봉을 향한 대열에 끼어들었다. 빨치산들의 선동과 감시를 받으며 토벌대를 피해 밤중에나 새벽에 산길을 걷던 때가 연상된다. 최근에는 이태가 쓴 '남부군' 과 정충제가 쓴 '최후의 빨치산 정순덕' 을 체험적인 측면에서 실감나게 탐독했다. 때문인지 어둠 속에 묻어나는 시각과 육감적 느낌이 빨치산들이 탈취한 전리품을 메고 아지트로 향하는 것 같다.

드디어 지리산의 정상 천왕봉(1915m)에 올랐다. 감격의 기도를 하는데 하얀 입김이 붉게 떠오르는 일출과 조화를 이룬다. 사방이 밝게 보일 때 천왕봉 표지석 전면에 새겨진 '韓國人의 氣象 여기서 發源되다' 라는 자랑스러운 글귀가 보이는데 韓國이라는 글자가 훼손된 것이 눈에 꽂혔다. 누가 그랬을까? 그 시절의 빨치산들은 다 소멸 되었는데, 아직도 대한민국을 전복해 보려는 그 후예들이 한 짓인가 싶어 분노가 치밀었다. 모두들 표지석을 배경으로 인증사진을 찍을 때 나 역시 천왕봉 인증사진과 표지석 전면을 카메라에 담고 한 때 빨치산들의 경남도당 사령부가 있었다는 법계사(1450m)를 향해 중산리로 하산 길을 잡았다.

하산길이 가파르고 만만치 않다. 빨치산들이 멱을 감고 빨래를 했을 법한 계곡 물가에 이르러 잠시 쉬며 발을 씻으려 했다. 순간 총을 든 남부군들의 모습이 물속에서 어른거리며 곧 튀어나올 것 같은 환상이 일어 벌떡 일어서고 말았다.

천왕봉을 떠난 지 2시간여 만에 시원한 계간수로 목을 축일 수 있는 법계사에 도착했다. 아침을 지어 먹으려고 로타리 대피소로 가는데 '법계사 아지트' 라는 철판으로 된 안내판이 보인다. 빨치산들에 관한 역사적인 자료인데 '북괴군' '패잔병' '만행' 등의 글자를 훼손한 것이 천왕봉에서 한 짓과 같아 보여 씁쓸하다.

김일성에게 이용만 당하고 처참하게 버려졌던 빨치산들이 최후를 맞은 곳이다. 요즘은 지리산이 아닌 곳에서도 반국가적인 활동을 하는 종북주의자들이 많은 것 같다. 이번에도 버림을 받을 텐데 왜! 어리석고 못된 짓들을 반복하는지 측은한 마음으로 분노를 삭인다. 아침을 대강 먹고 2시간 30여분 만에 중산리에 도착하여 빨치산토벌전시관을 둘러보고 지리산을 떠났다.

40년만의 무더위가 정점으로 치닫고 있는 2013년 8월 5일 다시 지리산을 찾았다. 이번에는 2박3일 동안 지리산을 종주하려고 이전에 동행했던 지인과 아침열차로 구례로 내려가 삼성재로 향했다. 폭염과 열대야로 대칭

되는 혹서와 한판 대결을 하면서 남한 빨치산의 대명사 '남부군'이 활동했던 곳을 두루 살펴 볼 참이다.

삼성재에서 잘 닦여진 길을 따라 첫날 숙박지인 노고단 대피소에 도착했다. 남부군들의 활동부대였고 그전에는 미국 선교사들이 풍토병을 치료하려고 자주 찾았던 피서지다. 주목군락지로 풍광이 좋아 한국의 알프스라는 곳인데 50년대 초 빨치산들을 소탕하려고 벌거숭이가 된 것을 지금은 회복시키는 중이다.

지리산을 종주하는 둘째 날, 8월6일이다. 꼭두새벽에 밥을 지어 먹고 지하 갱도로 들어가는 광부들처럼 등산모에 부착한 휴대용전등을 켜고 비에 젖은 산길을 걷는다. 끼리끼리 행렬을 이루어 가는 뒤를 따라가면서 지리산과 천왕봉에 오르려는 욕망 때문에 고생을 사서하는 억척들의 모습이 빨치산들처럼 보였다.

6시가 넘으면서 희미하게 주변이 확인되어 발걸음이 더 빨라졌다. 지형에 따라 등산객의 형편이 조금씩 다르겠지만 보통은 1km를 가는데 40분에서 1시간이 걸리는 것 같다. 임걸령과 노루목을 지나면서 다들 그냥 가려는데 나는 남부군이 주둔했던 반야봉(1732m)으로 향했다. 지형이 가파르고 길이 험해서 1km 남짓 거리를 거의 1시간이 걸려 올랐다. 나와 동행한 지인뿐인 줄 알았는데 한 사람이 더 있어 반갑게 인사를 나누고 보니 우리 둘은 목사이고 그쪽은 신부여서 의미가 더했다.

지리산은 대표적인 육산이다. 비가 온 뒤라 곳곳에 물이 흐르고 울창한 숲에는 야생화가 흐드러지게 피어 있어 벌들이 많았다. 등산객들이 먹다 버린 과자를 먹고 이빨이 썩은 반달곰의 사진을 봤는데 반달곰이 출현한다는 삼다봉, 전라남북도와 경상남도가 만나는 지점에 이르러 반달곰이 건강하게 살기를 기원했다.

오늘의 산행 거리는 숙소를 예약한 세석까지 20km에다 반야봉을 오르내린 것 까지 합치면 장장 22km다. 혼신의 힘을 다해 정오쯤에 연하천 대피소(1500m)에 이르러 점심을 지어먹고 철철 흐르는 계간수에 발을 담그니 얼음물 같다.

오후 3시쯤 한때 남부군의 활동 무대였던 벽소령 대피(1340m)소에 이르렀을 때 비가 내리기 시작했다. 세석으로 가는 길목에는 특별단속 완장을 두룬 지리산 국립공원직원들이 오늘 밤 세석 대피소 예약자 만 통과시킨다며 6시까지 도착신고를 하라는 것이다. 벽소령을 지나면서 쏟아지는 폭우를 2시간 넘게 맞고 걷는데 번개가 치며 바로 머리위에 낙뢰가 떨어지는 것 같아 불길한 생각이 스친다.

오늘 하루의 산행 길 종착지인 세석(1601m) 대피소에 도착했다. 남부군들의 중요한 활동무대였던 세석평전에 지리산에서 규모가 제일 큰 190명 수용의 등산객대피소가 운영되고 있는 것도 역사의 아이러니다. 온 몸이 빗물에 흠뻑 젖은 채로 숙소를 배당 받아 모포를 챙겼다. 물에서 건져 낸 것 같은 배낭 속에서 비닐봉지에 든 속옷을 꺼내 입고 취사장을 찾아 저녁을 지어 먹으려니 어설프고 복잡하기가 난민 수용소를 방불케 했다. 젖은 옷을 짜 걸어 놓고 밤을 지새우는데 호우경보가 새벽녘에 해제되어 걸쳐 논 옷을 그대로 입고 강행군에 돌입했다.

오전 10시쯤에 내 생애에 두 번째로 천왕봉에 올랐다. 제일 먼저 눈에 띄는 것은 '韓國의 氣象 여기서 發源되다' 라는 훼손 됐던 부분 '韓國' 이 복원됐다. 중산리로 하산하는 법계사 잎에서는 '법계사 아지트' 라고 쓴 빨치산에 대한 안내판이 보이지 않는다. 주변에도 없는 게 어떤 연유에서인지 모르지만 중요한 역사를 감추려는 의도가 아니었으면 한다. 나는 어려서부터 공산주의를 리얼하게 체험한 반공주의자다. 육군 장교로 1968년 1?21 무장공비 사태를 전방에서 겪었고 베트남전에 참전하여 공산주의와 싸웠다. '노병은 죽지 않고…' 라는 맥아더장군의 말을 되새기면서 대한민국의 안보와 국방이 튼튼해지고 나라가 번영하기를 기원하는 지리산 종주를 무사하게 마친 것을 하나님께 감사드린다.

엘리시움

홍재숙

두 개의 세상은 진정 존재하는가? 불행하게도 그 해답은 그렇다 이다.

날 것 냄새가 강렬한 본시리즈의 주역 맷 데이먼이 주연한 미래영화 할리우드 블록버스터 〈엘리시움〉은 현대를 살아가는 우리에게 한가득 고민거리를 안겨준다.

모든 SF영화가 그러하듯이 미래를 영상으로 표현한 세계는 어둡다. 환경은 파괴되어 남루해지고 인간위에 군림하는 로봇군단이 등장한다. 그리고 로봇들은 인간에게 쇠붙이무기를 들이대고 죽음보다 못한 삶을 살아내게 만든다.

이러한 디스토피아에도 부를 움켜진 계층과 빈 손바닥뿐인 계층으로 극명하게 나눠진다.

지금으로부터 140년 후의 지구를 그린 〈엘리시움〉은 바로 디스토피아 세계를 극대화시킨 영화이다.

극심한 환경파괴로 더러워진 지구에는 오도 가도 못하는 99%의 못 가진자가 남았고, 나머지 1%는 우주에 둥근 모양의 인공구조물을 세워 깨끗한 환경도시를 만들었다. 그리고는 우주선을 타고 이주를 해서 자기들만의 세상을 꾸민다. 이러한 설정이 이 영화가 주는 무한한 상상력이다.

그들만의 엘리시움에는 각 가구마다 CT모양의 최첨단치료기가 있어 거주민이 치료기에 누우면 어떠한 불치병이라도 온 몸을 한 번 훑고 지나가는 것으로 병을 완치시킨다.

엘리시움에서 지구로 파견된 로봇전사들은 반항하는 지구인을 감시하고 그들이 위조된 신분으로 불치병을 치료하러 엘리시움으로 스며들면 가차 없이 응징한다.

결국 미래사회도 부가 권력이다. 얼마만큼의 부를 소유하고 있느냐에 따라 엘리시움으로의 이민자격을 얻느냐 혹은 질병과 고통으로 가득 찬 지구에서 그들이 보낸 무자비한 로봇경찰의 감시를 받으며 살아가느냐가 이 영화의 핵심이다.

109분의 영상에 포로로 잡혀있는 동안 나의 감성은 메말라 갔으며 이성은 날아다녔다. 숨 막히는 가진 자와 못 가진 자의 투쟁을 보면서 그래도 결말에 주인공 맷 데이먼의 선의가 탐욕을 이기는 따뜻한 이야기에 마음을 놓았다.

마치 2007년 미국을 휘청거리게 했던 월가의 금융 자본가들이 그들만의 철옹성 안에 쌓았던 거대한 탐욕을 보는 듯 했다. 집값 폭락으로 중산층은 하류층으로, 하류층은 극빈자로 계층이동을 했던 긴박한 시점이었으며 1% 대 99%라는 팻말을 들고 그들을 고발하던 그 시기였다.

이 영화 〈엘리시움〉이 꼭 닮았다. 1% 와 99%를 전면에 내세우며 관객들에게 소유하지 못한 부의 부재에 대한 공포를 스멀스멀 안겨준다. 그러면서 욕심 없이 매사에 감사하며 그럭저럭 사는 소시민인 우리에게 이런 세계가 와도 괜찮겠느냐고 묻는다.

엘리시움에서는 제러미 벤담이 주장하는 최대 다수의 최대 행복이라는 공리주의 법칙은 존재하지 않는다. 도덕의 최고 원칙인 행복의 가치도 황금의 위력 앞에서는 기를 못 펼 뿐이다.

현재 우리는 우리의 삶의 질을 좌우하는 질병조차도 경제력이 좌우하는 시대에 살고 있다.

국민건강보험공단은 연구 자료를 분석하면서 우리나라 4대 중증질환 지원 수혜자 절반이 소득 상위 30% 라고 발표했다.

이 통계로 보면 고소득층은 양질의 의료서비스를 누리며 건강한 노년을 준비하고, 저소득층은 일용할 의식주에 휘둘려 병든 노년을 맞게 되는 것이다.

저출산 고령화 시대를 맞이하여 우리 사회에 보편화된 요양제도에도 경제 논리가 움직인다. 요양원에도 양극화가 있어 각 가정이 가진 재력에 따라 형편껏 수소문해서 찾아간다.

의료기술의 발달로 기대수명은 연장되었지만 늙음으로 오는 노년의 질병은 무방비상태인 요즈음에 일어난 현상이다.

아직도 강화에 있는 요양원에 들어가신 작은 시숙부 내외분을 문병하러 갔던 그 날이, 마음 한구석에 저리다.

두 분의 요양원 입소는 언제나 마음 씀씀이도 넓고 한없이 다정하셨던 팔십살의 작은 시숙모님이 치매라고 불리우는 병에 덜컥 덜미를 잡히고 나서였다.

맞벌이인 아들, 며느리는 시대의 흐름에 따라 요양원으로 모셨고, 멀쩡하신 시숙부님도 마나님 따라 같이 들어가셨다.

면회실에서, 불과 서너 달 만에 얼굴이 밀랍처럼 허옇게 바래진 작은 시숙부님이 안쓰러워서

"같이 고생하시지 말고 작은아버님만이라도 집으로 오세요." 했더니

"집에 밥해줄 사람이 없어서 못 간다. 또 이 사람이 가엾어서 어쩌누. 그래도 내가 있어야지."

희미한 웃음만 되돌아온다.

요양원은 현관 밖이 바로 찻길이라 밖으로 못 나가시게 한다는 원장의 너털웃음이 왜 그렇게 엉너리치는 선웃음으로 보였을까. 두 분이 계신 방조차도 다른 환자들이 동요한다며 구경을 못하게 하더니 한참 만에 올라가는 것을 허락한다.

이제 우리나라 경제부흥에 이바지했던 부모세대의 말년은 요양원으로 포장된 현대화에 등을 떠밀려가고 있는 중이다.

100세 시대를 맞아 뇌세포에 병이 들어서 사물을 잊어버리는 노망이라는 병에 걸리면 생업에 뛰어다니는 자식들은 통과의례로 각자의 형편에 따라 요양원에 모셔놓고 안심을 한다.

우리의 부모세대는 윗세대가 임종 할 때 까지 지극정성으로 병구완을 했는데 정작 자신들은 집에서 보살핌을 받지 못하고 낯설고 물 설은 요양원에 맡겨진다.

영화 〈엘리시움〉이 말하고자 했던 경제와 의료의 양극화현상이 철벽처럼 무겁다.

아직은 어정쩡한 중늙은이인 우리 세대는 말년의 노후를 어떻게 맞이할 것인가. 이것이 내가 나에게 묻는 화두이다.